3STEP
シリーズ
6

APPLIED P
HILOSOP
HYAPPLIE
DPHILOS
OPHYAPPL
IEDPHIL
OSOPHYAP
PLIEDPH
ILOSOPHY
APPLIED
PHILOSOP

応用哲学

松田毅
藤木篤
新川拓哉 編

Series:
3STEP
-
Volume:
6
-
Applied
Philosophy
-
-
Edited by:
MATSUDA
Tsuyoshi
FUJIKI
Atsushi
NIIKAWA
Takuya

昭和堂

はしがき

　本書は「応用哲学」に関する入門書である。大学講義での教科書としての使用を想定して編成されているが，必ずしもその用途に限定されるものではない。読者には，各自がおかれた状況に応じて，本書を自由に利用しながら，読み進めていただきたい。

　この本を手に取られた読者のなかには，「そもそも応用哲学とは何だろう」という疑問をもたれた方もいるかもしれない。その疑問はもっともである。というのも，これまでに数々の哲学者や倫理学者が実際に同じ疑問を抱いたためである。

　少なくとも日本では，応用哲学会が2008年9月に発足して以来，多くの論者によって「応用哲学とは何か」が議論され，それぞれの見解がいくつもの場で示されてきた。紙幅の都合上，そうした議論の内容や過程をここであらためてまとめることはしないが，興味を抱かれた方のために，『応用哲学を学ぶ人のために』（戸田山・出口編 2011）と『これが応用哲学だ！』（戸田山他編 2012）が参考になるので，挙げておきたい。一連の議論が，応用哲学に関する理解を促進し，内外での認知度を高めたことは間違いない。しかしながら，「応用哲学とは何か」という問いに対して，誰しもが納得するような定義が，簡潔かつ過不足のないかたちで示されるまでには至っていないように思われる。

　逆説的であるが，一義的定義の付与が困難であるというこの性質こそが，実は応用哲学の特徴をよく表していると言えるのかもしれない。たとえば，哲学においては一般的な方法，つまり対象となる語や概念に明晰判明な定義を与え，そこから出発しようとする手法を単に何かに「応用」するだけでは，応用哲学とは呼べない。応用哲学は哲学の単なる「応用」ではなく，むしろ独自の視点や方法，問題を含んだ新しい哲学だからである。したがって「応用哲学とは何か」という問いについては，多様な回答が同時に成り立ちうる。

　なお本書が想定する「応用哲学」の姿や特徴は，序章で示されている。その

意味で，冒頭で言及した通り，本書は読み進めるべき順番を厳密に定めている
わけではないが，読者には最初に序章に目を通していただくことを勧める。そ
うすることで，第一章以降で紹介される具体的事例を，応用哲学的観点からよ
り深く考察できるようになるはずである。

　刊行に至るまでの経緯についても，簡単に触れておきたい。企画のおおもと
となったのは，神戸大学内の複数の組織が共同で起ち上げた「メタ科学技術研
究プロジェクト」と，日本学術振興会の「課題設定による先導的人文学・社会
科学研究推進事業」におけるプログラム「「責任ある研究とイノベーション」の
概念と「社会にとっての科学」の理論的実践的深化」（研究代表者：松田毅）で
の研究活動である。それらの活動の集大成として，「先端融合研究としての応用
哲学入門」をテーマに2021年度応用哲学会サマースクールを開催したが，本書
の直接の原型をかたちづくったのは，この催しである。

　これらの研究活動を通じて，編者らは時々の参加者とともに，先端科学技術
と社会との関係をはじめ，じつに多くの話題に触れてきた。そのなかで，新た
に接した話題に対して頭を悩ませたり，問題としての手強さを感じたりするこ
とが数多くあった。しかし一方で，応用哲学の懐の広さと深さ，そして可能性
や，何より「楽しさ」を感じさせられる機会がそれ以上にあったこともまた確
かである。本書を通じて，そうした体験を読者とも共有することができれば，
編者一同望外の喜びである。
　　2023年7月

　　　　　　　　　　　　　　　　　　　編者を代表して　藤木　篤

参考文献

戸田山和久・出口康夫編　2011『応用哲学を学ぶ人のために』世界思想社。
戸田山和久・美濃正・出口康夫編　2012『これが応用哲学だ！』大隅書店。

目　　次

応用哲学とは
具体的なものから始める

———

松田　毅

　多くの読者は「哲学」と「応用」の組み合わせに違和感を抱くかもしれない。しかし「哲学は抽象的」という一般の印象とは違い，ひとがそれぞれ自分の人生を少しでもよく生きようとするかぎり，具体的問題を抜きに哲学することができるはずはない。何が21世紀の哲学の具体的問題であるか，を議論することも応用哲学の課題であるが，本書の応用哲学がカバーする対象は多様である。そこには「応用倫理学」や「ポピュラー哲学」と呼ばれる分野が入るだけではない。哲学者や倫理学者だけが応用哲学するわけではないからである。じっさい自然科学者であれ，社会科学者であれ，自分の行う研究の意味を述べようとすれば，ディシプリンの枠を超え，「哲学的飛躍」をすることがある。それは，専門分野の方法や価値の制約を突破しようとするとき，研究の倫理・政治的含蓄を表明したいという思いに駆られるときかもしれない。本書は，サイエンスフィクションの現実化を思わせる，様々な先端科学技術とどう付き合うかという問題を中心に，問題をどう記述し，分析するかを例示するだけでなく，読者自身が応用哲学を自分で試み，できれば，愉しむことができるように導く。

KEYWORDS #応用哲学　#応用倫理学　#ポピュラー哲学　#先端科学技術　#記述と分析

1 │ 応用哲学と隣接分野

・

応用哲学を考えるマトリクス

1. pure	2. applied
3. expert	4. popular

　まず上の表を見てほしい。この図式を用いて応用哲学と応用倫理学などの隣接分野，本書全体のイメージを示したい。いきなり英語表記でとまどうかもしれないが，日本語にあえて訳し直せば，1. 純粋/理論，2. 応用，3. 専門，4. 素人/ポピュラーである。これらの4要素を組み合わせながら応用哲学を位置づける。これは大学で学び，研究する諸分野，それを活かした技術や職業にも関連する。

　「応用化学」と「ポピュラー音楽」を例に考え，応用哲学とポピュラー哲学を理解する手がかりにする。まず指摘したいのは，その内容を想像しにくいひともいるかもしれないが，「理論化学」や「純粋音楽」の存在である。その二つの側から考えてみると，理論化学は，技術的な応用を目指さない場合でも，原子や量子の次元にまで踏み込み，物質に起こる反応の本質や構造を解明するものだと言える。理論哲学も知識や存在をこれに似た態度で捉える。純粋音楽も，聴衆が楽曲を鑑賞し，楽しめるかどうかはあまり考慮しないようなので，理論化学や理論哲学と似ているが，あくまで理論や説明ではなく，耳で聴ける音を作る。また理論化学や純粋音楽にも，数は少ないが専門家がいて，素人にそれを授業で説明したり，演奏を通して曲を聴かせたりする役割がある点は，哲学の場合と変わらない。

　今度は応用化学とポピュラー音楽を，またそれらと比較することで応用哲学とポピュラー哲学を位置づけよう。前二つはあらためて説明する必要はないだろうが，それぞれ専門家やプロがいて素人の学生や消費者に技術や娯楽を提供している。では応用哲学とポピュラー哲学はどうか。前者は応用化学に，後者はポピュラー音楽に近い。抽象的な概念自体を論じることの多い理論哲学と比べると，応用哲学は具体的問題により多く関わるが，素人の知をより優先する

ポピュラー哲学は，専門知をより強く志向する理論哲学と応用哲学の双方と対比するのが適切だからである。ただし4要素のあいだの，理論と応用，専門と素人の対立軸（残り4つは表から考えてほしい）を基準とした区分は，いずれも程度の違いであり，流動的である点も同時に強調したい。応用哲学をポピュラーにしたり，エンターテイメントを応用哲学の問題にしたりする，本書のような立ち位置もあるからである。また読者が，素人の知から専門の知へ，あるいは応用から理論への知的ベクトルに乗る気になるように促すことも本書の役割のひとつである。

　もちろん専門知や技術知がすべて4要素できれいに整理できる保障はない。じっさい，「ポピュラー」はもちろん，わざわざ「理論」や「応用」の名称をつける必要のない学問分野も存在する。法学，医学，看護学を考えればよい。そこにも理論や抽象概念はあるが，本来，目の前の救うべき人命や擁護するべき個人の権利など，具体的場面での問題解決をそれらは第一の使命とするからである。この点では哲学の理論と科学の専門知は個別例から普遍化しようとして，少なくとも一度は具体的なものから距離をとる傾向があるとも言える。

・

応用哲学と応用倫理学

　先端科学技術の提起する哲学的問題が応用哲学にとって重要である点を説明する前に，応用倫理学に触れておきたい。応用倫理学は日本の大学教育にも位置づけられてすでに久しい。医療や看護の倫理はもう数十年前から医学や看護の学生には必須の科目になっているし，工学倫理も工学部や農学部ではカリキュラムに組み込まれている。環境倫理がその一環として教えられる場合もある。また，研究者が実験や調査，文献の渉猟を通して得たり導いたりした成果を発表し，インターネットのユーザーが情報を発信する場合に，研究不正や倫理に悖る言動をしないようにするための行動規範として研究倫理や情報倫理を学ぶ機会も用意されている。これらの応用倫理学は，過去の実例も挙げながら，様々な具体的場面を想定して，それぞれの立場に応じる仕方で，つまり医療者や技術者，研究者として，あるいは患者や消費者，個人として，何をしてはならないか，また，どのようによい行為をすべきかを教える。

　他方，応用哲学の目標は，専門家であれ，素人であれ，科学技術に関連する

倫理的問題を理解し，倫理的に応答できるようにすることそのことにはない。むしろ，まだあまり十分に記述されていなかったり分析されていなかったりするような具体的な問題の発見から始め，もちろん自然科学や人文・社会科学，倫理学の考え方とその研究成果も活用しながら，直面する問題そのものを深く掘り下げることにその課題はある。言い換えれば，より学際的な見通しも持ちながら，さらに一歩進めて，応用哲学的な考察方法や教室での議論を自分自身の専門分野での研究の場や自分が生きる社会生活の現場に持ち帰って活かすことに目標はある。その結果として，よりよく研究し，よりよく生きることができるようになれば素晴らしい。

　本書の目次を参照して，各章のテーマを見てほしい。なかにはすぐに，それらがあまり哲学っぽくも倫理学っぽくもないことに気づく読者もいるだろう。事実，執筆者には気候変動問題に取り組む環境NGOの活動家やロボットを開発する人工知能の研究者，貧困の問題を論じる人文地理学者やポピュラー日本史のリスクを指摘する歴史学者も含まれている。あるいは「脱成長」のような開発や経済に関わる分野の研究者も執筆者に加わっている。では，なぜこうした内容が哲学に含まれるのだろうか。編者は，この疑問は読者が，各章から学び，可能ならば誰かと語り合うことで，自然に解けることを願う。また，本書では取り上げられていないが，それでも考察して，議論するに値する他の問題を読者が発見することを期待する。

2 │ 具体的なものの哲学

..

記述と分析の方法 —— 現象学と分析哲学

　学問研究一般にとって，その問題や主題となる事象を適切に記述することは，じつは意外に難しいが，非常に重要である。たいていの場合，わたしたちは，とくに自分が専門としない分野については，すでにできあがった研究成果を出版物やネットなどで読むときに，そこで提起され，扱われている問題そのものやことがらの記述内容をそのまま受け取ってしまう傾向があると思う。しかし，何がそもそも問題であるのかについて，また問題となることがらの記述内容についても，必ずしも全員が簡単に同意することはない点も想定しておかなくて

はならない。一見したところ「同じに見える」出来事の記述が，立場によって正反対，極端になると，まったく両立しないということも起こる。本書にもそのような例が登場するだろう。それは激しい紛争の当事者間にはよくみられることだが，ある係争中の問題で素人と専門家のあいだで，あるいは専門家同士のあいだでそうした対立が生まれることも珍しくない。

　記述に関するこうした問題は，先端科学技術の社会実装をテーマのひとつに掲げる本書の応用哲学にも当てはまる。その一例として「不妊治療を受けるかどうか悩んでいるあるカップルがいる」という記述を考えてみてほしい。このカップルが当事者だとすれば，不妊治療を行う医師がその専門家ということになるが，場合によっては基礎医学の研究者や生命倫理学者が関係者として加わるかもしれない。体外受精のように，すでに技術的にも法律的にも確立され，「社会実装された」と言える技術でも，それぞれの置かれている事情により，悩むカップル（やいずれか）は当然あり，産婦人科医による個々のカップルの「不妊」状態に関する医学的診断と治療適性の判断もケースバイケースである。その結果，医学的治療ではなく，「特別養子縁組」を勧めるカウンセラーがいたり，そもそも自分の子どもを持つことに拘るのをやめるカップルがいたりする。便宜上の単純化は避けられないが，このように不妊の問題を記述することができるとすれば，当事者の様々な状況とその可能な選択肢はある種のシナリオとして類型化されるだろう。この過程で当事者たちは，自分の子どもを「生む」あるいは「持ち，育てる」ということはどういうことなのかを，あるいは親子や血縁，家族とは何かを，多かれ少なかれ考え直すように促されることになるが，これは狭義の生命倫理学を超えていく問題であるに違いない。

　ここで日本では社会実装を見据えての議論が始まって間がない，ゲノム編集技術を用いた人間の不妊治療を考えてみる。技術の詳細は，石井哲也『ゲノム編集を問う──作物からヒトまで』などを参照してほしいが，「不妊治療を受けるかどうか悩むあるカップルがいる」状況でゲノム編集も治療の選択肢になりうるとすれば，これについても何らかのシナリオを描くためには，やはりこの問題に関する適切な記述と分析とが求められる。たとえば，技術面でのリスクが指摘されているのが「オフターゲット」の現象である。ゲノムの「切り貼り」が狙い通りにならない可能性が，おそらくかなり低いとはいえ，少なくとも現

段階では無視できないと考えられる。やっかいなことに，幹細胞のゲノムを改変する場合，その意図しない結果は，操作された受精卵が胎児になり，ヒトとして成長するなかで，いつどのように，またどのような機構で出現するかはまだよく分かっていない。また，その改変の影響は世代を超えて受け継がれる。

ミトコンドリア病や筋ジストロフィーのような重篤な遺伝病のなかには，ゲノムレベルでその原因となる因子が特定されているものもあるので，その患者や家族，医療者にゲノム編集技術への期待が生まれるのは当然である。他方でゲノムの編集が的を外す「オフターゲット」問題は不安が生じる理由も説明している。この例にもみられる両面性を手がかりに応用哲学に必要な記述と分析の方法論に触れたい。

ここではかなりラフな広い意味で「現象学」と「分析哲学」，二つの方法を理解する。両者は本書の執筆者も多かれ少なかれ用いている現代哲学の二本柱とも言えるものである。前者は，当事者の多様な「主観的」経験をその一人称的な観点に即して，可能なかぎり忠実に記述再現しようとする。後者は，問題となる事象を三人称的な観点から分析し「客観的」に説明しようとする，と整理できる。その双方をバランスよく用いることで，応用哲学はその知的な公平性と豊かさを達成できる。

現象学は事態がどのように当事者に現象しているかをまず捉えるうえで重要である。当事者の心身の痛み，苦悩，希望や不安あるいは怒りなどを感じ取り，その感情に伴う様々な考え，過去のエピソードや将来への期待も，当事者が必ずしも分節化されたナラティブをもたない場合でも，そのコアを言葉で表現するように努める。他方，分析哲学は経験そのものよりも表現された言葉や行動に焦点を当て，そこに含まれる広い意味での「論理」を取り出し，その構造を浮き彫りにすることを得意とする。ときにはある言語表現や行動に隠されている，両立困難な思想や規範，価値や観点の存在を指摘し，可能であれば，論理的な表記法に従い，表現や行動を命題としてパラフレーズし，記述し直すこともある。この方法は倫理と価値の原則が問われる場合にも用いられる。じっさい，現象学的記述と論理的な分析を組み合わせて，当事者の経験や問題を一定の観点から「再記述する」ことは，哲学の営みとしてとても重要である。もちろん，本書で示されるように，当事者の経験もその記述方法も問題や背景によ

り多様であり，分析手法も学問分野に応じて様々な仮説や理論があるので，言語表現の論理的解析だけに限られるものではない。

　ゲノム編集の例に二つの方法を適用するとどうか。読者も考えてみてほしい。現象学は「不妊治療を受けるかどうか悩んでいるあるカップル」がこの先端的な生殖技術を意識したときに感じる心模様とその推移を幾つかに類型化して記述することになるだろう。また，そのためにサンプルを増やすアンケートを用い，データを統計処理することもあるだろう。分析哲学は，当事者たちが一定の状態で表現する言動が含む，価値観や背景にまでさかのぼり，隠されている信念や論理そして価値規範の構造を取り出すように努めるだろう。可能であれば，そこから何らかの仕方で克服すべき葛藤を指摘したり，状況ごとの問題解決のシナリオを描いたりするかもしれない。

SFが現実になる社会を生きる

　問題となる状況とその様々な推移を描くことのできるシナリオを含めて，先に述べた意味での記述の方法を徹底しようとするとき，有効性を発揮するのが物語の方法である。とくに応用哲学が先端科学技術に焦点を当てる場合，それはSF（サイエンスフィクション）を思い浮かべるのが最も分かりやすい。ケーススタディでも触れるように，SF小説や映画はしばしば「最悪の想定」を描く。平和で誰もが幸福な「最善」の状況を描くよりも，そのほうが鑑賞者にスリルを感じさせて，その好奇心を刺激し，ストーリーに引き込みやすいからである。ここで少し歴史をひもとき，古代ストア派が考えた「最悪の想定」の思想を参照するならば，そこには戦時に自分が敵に捕まり，味方の情報を漏らすように拷問されたり，不治の病気に罹っていることが分かり，早急にある決断を迫られたりするというような思考実験がすでに試みられていたことが分かる。この「シミュレーション」には，そうした差し迫った状況でどのような意思決定をすれば道徳的に正しいのかを事前に熟考しておき，心構えを準備する意味があったと考えられる。

　もちろん，じっさいにわたしたちが遭遇し，そこで生きる現実は，たいていの場合，またよほどの不運にでも見舞われなければ，そのような最悪と最善のあいだのどこかにある。しかし，まだ自分自身の直面していない問題を先取り

し，あらかじめ考えておくことは，人間の思考習慣としては自然なことである。では，これを例として挙げた「ゲノム編集」の技術に当てはめてみるとどうだろうか。たとえば，福田和代の小説『緑衣のメトセラ』は「ゲノム編集」にも当てはまる遺伝子の改変技術について想像力を働かせて，それがどんな状況を生み出しうるかをミステリー風のドラマにしている。表題に用いられた「メトセラ」は，旧約聖書の『創世記』に登場する人物で，箱船で知られるノアの祖父であるが，1000年近くも生きたので，「不老不死」を象徴しているという。ネタバレになるといけないので，後は作品を読んでほしいが，こうした技術を実験的に使用すると，「最悪の場合」どのような事件が起こりうるかを小説は具体的に記述し，事件の謎解きを通して遺伝子の改変が含む，様々な哲学的問題を分析する手がかりを与える役割も果たしている。

　人工知能であるアンドロイドを備えた携帯電話のように，100年前には想像すらできなかった，とても便利な機器が身の回りに溢れ，場合によっては身体の一部になる一方，尺度を大きくとれば，世界史ないし「人新世」と呼ばれる地質学的な観点では，気候変動が生活環境の急激な悪化をじかに感じさせる状況に至っているのが，現代である。また，生物学上のヒトは，アフリカ大陸を出て地球上に広がって以来あまり変化していないらしく，ヒトの肉体，知覚や思考，感情と倫理や社会組織はこの激変についていけていないと言われる。肥満の増加はその一例である。この点で，先端科学技術の社会実装と人間のあいだには，簡単には埋められないギャップがあることは否めない。SFの典型的場面である「タイムスリップ」も過去や未来に送り込まれた人物がもとの時代に戻れない危機と不安だけでなく，経験したこともないような生活環境の激変に対する当惑を描いている面があるだろう。未来学的な知的探求心だけではなく，このような不安や当惑が応用哲学の根底にはあることを指摘しておきたい。

3 ｜ 本書のコンセプトと使用法

…

応用哲学の愉しみ

　本書ではエンターテイメントも哲学の問題として論じられている。アニメ『名探偵コナン』を題材にした声優論，審判の公平性やドーピングを論じるスポー

ツ倫理学，近年盛んになり，プロ化も進んでいる e スポーツの哲学などは，これまで説明してきた，先端科学技術の応用哲学以上に，関心がもてる若い読者もいるだろう。それらを論じることは，哲学の古典的な本を読み，勉強するよりも取っ付きやすいだけではない。これらのテーマはみなどれも学際的であり，それぞれを専門家が批評する「ポピュラー」なメディアも存在する。しかし，いわば素人に過ぎなかった自分が子どものころから喜んで見てきたアニメに関する様々な経験の意味や，試合に出場したり競技を観戦したりしたときに，とくに審判や判定に対して抱いた感情や疑問などを，専門家による考察もたたき台にして，自分自身で楽しみながら考えてみることも応用哲学の愉しみのひとつである。また，これらの分野には科学技術の問題が多く含まれていて，しばしば世間でも物議を醸すことも指摘できる。一番分かりやすい例が，オリンピックやサッカーのワールドカップでも採用されているビデオカメラを利用した審判方法の導入である。人間の眼ではなくて，瞬間を捉えて録画することができる機械の眼が，それが勝敗を分けるような，どちらの体が先に地面に落ちたか，判断の難しいプレーの様子やボールの軌道，その着地点を正確に「知覚」したはずだから，それでもう万事が決まり，どこからもそれ以上は文句が出ないというふうにはいかないところが，人間の性でもあり，面白いところでもあるが，この先を考えることは読者への宿題としたい。

…

自分で考える，グループで話し合う

　最後に，本書の具体的な活用法についても説明を加えておきたい。読者にはまず，たとえば本書のどれか一章を通読して，その章に用意されているケーススタディやアクティブラーニングの設問を自分自身で考えてみてほしい。一学期の講義形式の授業であれば，教員が毎回，事前学習でどれかの章を指定することもあるだろう。そのようなかたちで教科書として用いられる場合には，副読本のようにして，教室でのディスカッションやオンラインでの話し合いにも活用できるので，ぜひそうしてほしい。アクティブラーニングの課題についてそれぞれ用意しておいた意見を出し合うことで，盛り上がることもあるかもしれない。また，ケーススタディは小レポートや期末レポートの課題として使うこともできる。

　このようなかたちで，いまでは多くの大学でも行われている，多様なワークショップ形式の授業で本書を教材として使うことができるだろう。その場合，教員がコーディネートするだけでなく，参加者がその役割を交代しながら行うことも大変有効な方法になる。教員の方々にはこの教材を「哲学カフェ」などの形式の授業資料として用いていただければ幸いである。また，より具体的な問題の解決を目指し，「ブレインストーミング」を行う，いわゆるKJ法（文化人類学者の川喜田二郎が発想法のひとつとして紹介した方法。そのイニシャルにちなんでこう呼ばれる）などを用いた，数名程度で行う少人数のグループワークにも使うことができるだろう。

　こうした近年様々に開発され，大学やコミュニティの現場でも用いられている手法では，参加者が自分の疑問や考えを述べても，すぐにそれを誰かが批判したり非難したりしないようにしているだけでなく，参加者全員が無理なく自分の意見を出し，また変更することもできるようなルールになっているので，「こう言ったらどう受け取られるだろうか」とか，「自分の意見を決めておかなくては発言できないのではないか」とか，あまり先回りして心配せずにも，楽な気持ちで意見を述べることができるような工夫がなされている。うまくいけば，ほかの参加者の意見と自分の意見に最初は大きな違いがあっても，意見交換を繰り返し，互いに摺り合わせを重ねていくことで，様々な発見ができるし，一定の合意形成もできる。この作業は楽しいことが多いので，ぜひ試みてほしい。

参考文献
—

石井哲也　2017『ゲノム編集を問う——作物からヒトまで』岩波新書。

一ノ瀬正樹・稲岡大志ほか　2019「特集1　ポピュラー哲学」『フィルカル——分析哲学と文化をつなぐ』4 (1): 18-91。

イルガング，B　2014『解釈学的倫理学——科学技術社会を生きるために』松田毅監訳，昭和堂。

戸田山和久・出口康夫編　2011『応用哲学を学ぶ人のために』世界思想社。

福田和代　2016『緑衣のメトセラ』集英社。

吉川孝・横地徳広・池田喬編　2019『映画で考える生命環境倫理学』勁草書房。

Case Study ｜ ケーススタディ 0

SFから応用哲学する

　SF作品は科学技術と文明の発展の歴史のなかで応用哲学を先取りする役割を果たしてきた。これは応用哲学の課題とその解決可能性を考える手がかりになる。ジュール・ヴェルヌの小説『月世界旅行』や宇宙ステーションを舞台に人工知能が人間を排除しようとする『2001年宇宙の旅』，核戦争の現実の可能性を描いた『博士の異常な愛情』のようなスタンリー・キューブリック監督の映画を例に挙げることもできる。ヴェルヌの「予言」には「タイムマシン」のように実現していないものもあるが，月ロケットや潜水艦のように，その後，実用化されたものもある。これらのフィクションは科学技術の著しい発展を反映したものである。それは，健康や安全，知識や富あるいは政治権力への様々な願望に由来するテクノロジーへの夢の物語である一方，その魔法のような力が，他者を支配する力として使用されることに対する恐怖と不安が昂じれば，悪夢にもなる。言い換えれば，SFには科学技術とその成果の「リスク」に対する先取りされた感受性が示されている。わたしたちが先端科学技術と付き合っていくなかで，SFは応用哲学にとっても思考実験の役割を果たす。読者はどんな作品をどのように思い描くだろうか，例を挙げて考えてみてほしい。

　古典的な哲学者にもSFと呼べる作品を残した者がいる。そこには科学技術の発展可能性と同時に，それと密接に関わる政治的ユートピア，あるいは逆の「ディストピア」としての国家や社会のイメージも与えられている。フランシス・ベーコンは，『ニュー・アトランティス』（1627年出版）で，科学と社会を理想的に結びつけることで，「中世の軛」からの解放が始まったばかりの時代に，社会改革に必要な経験科学の哲学を提唱した。現代にも「培養液のなかの脳」のような奇抜な思考実験があり，哲学的考察を呼び起こす契機になったが，『ニュー・アトランティス』を更新するほどのものはないように思われる。

　しかし，その後のSFでは，科学技術を用いた一般市民の日常生活のすみずみ

に至るまでの管理や支配への恐怖，そして科学技術の暴走（制御不能に陥る可能性）への不安から来る「ディストピア」の側面が描かれることが多い。人工知能と環境問題ではとくにそれが著しい。映画『ソイレント・グリーン』（1973年公開）は人口爆発後のおぞましい事態を，アニメ映画『天気の子』（2019年公開）は，気候変動の進行した近未来のディストピアを舞台背景にしている。

　現代社会には様々な先端技術や人工物が日常生活に浸透し，次々と社会実装されようともしている。GPSを用いた位置情報の特定を許す通信技術のように，ユーザーは専門家やメディアに指摘されないとその存在そのものと機能，メカニズムそしてリスクに気づかないものも多い。アンドロイドを内蔵した「スマートフォン」はその最も身近な例である。それは企業に莫大な富をもたらし，個々の使用者にも，通信環境さえあれば，地図代わりにも自動翻訳機にもなり，必要と意欲があれば，SNSを通じて世界に情報を即時に発信することも可能にした。わたしたちは，イーロン・マスクの衛星通信「スターリンク」を経由して何千キロも離れた戦場の悲惨な状況をリアルタイムで目撃できる。

　しかし，リスクも議論されている。その映像は「フェイク」かもしれない。つまり情報戦の一環として，軍事の専門家が指摘するような，ハイブリッドの「認知戦争」の一局面である可能性がある。長期的にみれば，携帯電話の通信を可能にしている電磁波自体の生体への健康リスクも排除できないという指摘もある。スパムメールやウイルスのリスクもある。さらには，携帯電話を買ったり使用したりできない人々に生じる「情報格差」もある。こうした現実は，ベーコンがそれを耳にすれば，びっくりするような「フィクション」であるに違いない。とはいえ，応用哲学はこれらの問題の位相を忘れてはならない。これが本書の考察のスタンスである。

Active Learning ｜ アクティブラーニング 0

Q.1

他の「応用○○」という専門分野を応用哲学と比較しよう

「応用化学」以外の例を挙げ、「応用」がつくことで「応用」がつかない専門分野と、何が変わるか、変わらないかを考えてみよう。

Q.2

サイエンスフィクションの現実化の例を挙げてみよう

哲学者やSF作家が思い描き、その後、実現したとみなせる人工物はたくさんある。また、ユートピアと関連し民主主義が唱える、自由や平等、人権など、価値観や法律に関わる、社会制度や国家について考えることも有益である。

Q.3

現代社会で哲学がとくに求められる課題とは何かを論じてみよう

哲学は、実用性や技術的有用性がなく、「役に立たない」というイメージがあるが、これは必ずしも適切ではない。社会が遭遇する困難には前例のないもの、データもないものがある。臓器移植法制定の準備のために、国が哲学者も加え、「脳死はひとの死か」を議論した「臨時脳死及び臓器移植調査会」（通称「脳死臨調」、1990年設置）が日本にもあった。

Q.4

応用哲学の歴史について調べてみよう

参考文献を手がかりに「応用哲学」がどのようにして始まり、推移してきたかを、また今後どのように展開するべきかを考えてみよう。

第1章

気候危機
脱炭素社会の実現とシステムチェンジ

———

豊田陽介

　異常高温や大雨，台風などの異常気象による被害は年々増加しており，気候変動問題は喫緊の課題となっている。気候変動問題のメカニズムや原因，今後の影響などに対する科学的な検証や予測は進み，科学はより精緻になってきた。

　日本では気候変動対策として，不特定多数の意識・行動変容を促す普及啓発の手法，たとえば「ひとりひとりができることをコツコツと続けていくこと」が重視されてきた。しかしながら，できることだけを続けていても二酸化炭素（CO_2）をはじめとする温室効果ガスの排出をゼロにすることはできない。気候変動がこれまでの社会の構造・システムに基づくものである以上，大幅削減につながる大胆な変革を行い，温室効果ガスをゼロにする「脱炭素社会」への転換を進めていく必要がある。

　本章では，気候変動問題についての科学的な知識や有効な対策について学ぶとともに，世界の国や地域，企業などにおける脱炭素社会に向けた変化の兆しについて紹介する。また，公平・公正な脱炭素社会への転換のあり方について「気候正義」の観点から倫理的・哲学的に検討する。

KEYWORDS #気候危機　#脱炭素社会　#脆弱性　#システムチェンジ　#気候正義　#公正な移行

1 | 気候変動問題と科学

・

深刻化する気候危機と精緻化する科学

　気候変動の影響はすでに世界の様々な場所で起こっており，極端な異常気象などが世界各地で発生している。気温がさらに上昇すれば，極端な高温や洪水，干ばつなどがより激しく頻繁に起こるようになり，わたしたちの暮らしや仕事，経済を維持することがますます困難になる。気候変動の進行や，それによる様々な影響や被害については，30年以上の研究成果の積み重ねにより，科学的な把握や予測が精緻にできるようになってきた。

　18世紀の産業革命以降，わたしたちの社会は大量の化石燃料を燃やし，エネルギーを供給・消費するようになった。化石燃料の燃焼に伴って大量のCO_2が排出される。CO_2は地球を温める働きをする温室効果ガスのひとつだ。世界の温室効果ガス排出量のうち76%を，日本では90%以上をCO_2が占めている。CO_2をはじめとする温室効果ガスの増加に伴い，地球の平均気温はここ100年で約1.1℃上昇している。これは過去2000年間の平均気温をみても前例のないものだ。こうした急激な気温上昇は自然の要因だけでは説明できず，人間の活動が原因になって引き起こされていることは「疑いがない」（IPCC 2021）。つまり気候変動問題は，人間活動によって引き起こされているのだ。

　気温上昇がもたらすリスクとして，異常気象，作物収量・水資源減少，氷床消失による海面水位の上昇，生物種の絶滅などがある。こうした影響やリスクはすでに現実のものとなり，世界中で大きな影響をもたらしている。世界気象機関（WMO）によれば，暴風雨などの世界の気象災害件数は過去50年間で約5倍に増加し，経済的損失は3兆6400億ドル（約400兆円）にもなる（WMO 2021）。

　さらに，これらの異常気象リスクは気温上昇とともに増加すると予測されている（表1-1）。これらの気候変動の影響は，わたしたちの社会や経済，生命，人権，健康，安全保障などあらゆる分野に及ぶことから，もはや「気候危機」であると言える。気候危機を回避するためには，科学に基づき気温上昇をできるだけ低い温度に抑えること，そのためには一刻も早いCO_2をはじめとする温室効果ガスの大幅削減が求められる。

表1-1　気温上昇と気候変動リスク（1850〜1900年を基準とした変化）

将来の地球温暖化の水準		1℃（現在）	1.5℃の場合	2℃の場合	4℃の場合
熱波など極端な高温	気温	+1.2℃	+2℃	+2.7℃	+5.3℃
	発生率	4.8倍	8.6倍	13.9倍	39.2倍
極端な大雨	雨量	+6.7%	+10.5%	+14%	+30.2%
	発生率	1.3倍	1.5倍	1.7倍	2.7倍
農業に被害をもたらす干ばつ	発生率	1.7倍	2倍	2.4倍	4.1倍

出所：IPCCの第六次評価報告書（IPCC 2021）をもとに作成。

・

気候変動問題のゴール

　2015年12月に採択されたパリ協定では，世界の平均気温の上昇を産業革命前と比べて「1.5℃」以下に抑えることが努力目標として掲げられ，2021年11月に英国のグラスゴーで開催された気候変動枠組条約第26回締約国会議（COP26）では，気温上昇を1.5℃以下に抑えることを国連気候変動枠組条約締約国の事実上の目標とする決意が示された。

　気温上昇を1.5℃以下に抑えるためには，世界全体のCO_2排出量を2030年までに48%削減し，2050年までに実質的にゼロにすることが必要になる。2030年の削減目標が重視されるのは，CO_2の累積排出量と気温上昇量は比例関係にあり，これからの気温上昇量は，過去から将来にわたり累積でどれだけCO_2を排出したかによって決まるからである（IPCC 2021）。そのため2050年ゼロだけでなく，中間地点になる2030年のCO_2削減目標が重要になるのだ。

　日本のCO_2排出量は，2013年以降，減少傾向にある。日本政府の目標は，2030年に46%削減，さらに50%削減の高みを目指し，2050年には排出実質ゼロ（カーボンニュートラル）にするというものだ。しかし，先に紹介した累積CO_2排出量の考え方にたつと，2030年46%という日本の目標値は気温上昇を1.5℃以下に抑えるためには不十分なものになる。1.5℃以下を達成するためには2030年の削減量を62%以上にするか，2050年よりも前に排出実質ゼロを達成するかが求められるのだ（Climate Action Tracker 2021）。いずれにしても，気温上昇を1.5℃以下に抑えるためには，日本はいまよりも高い2030年の目標を掲げ，それに向かってスピードを大きく上げて削減を進めていかなければならない。

カーボンニュートラルを実現するということは，現在のわたしたちの社会・経済活動を支えている石炭や石油，ガスなどの化石燃料の利用をゼロにすることを意味する。それは簡単なことではないが，決して不可能なことではない。いま，大幅な排出削減のために世界の国々が行動すれば，気温の上昇を1.5℃に抑制できる可能性が残されている。いままさに，わたしたちは，脱炭素時代に向かうための大きな転換点にたっているのだ。

気候危機と脆弱性

一般的に気候変動問題は「地球規模」の問題として語られる。確かにCO_2の排出は地球全体の気候を変化させるが，その影響は地域によって不均等に起こることにも留意する必要がある。先進国と途上国では，これまでに排出してきたCO_2の排出量は圧倒的に先進国が大きい。一方で，途上国のほうが気候変動の影響に対してはるかに弱く，より大きな被害を受ける可能性がある。また，同じように影響を受けたとしても，そこから回復できるスピードには大きな差がある。このように弱い立場にあることを「脆弱性」と呼ぶ。国家間の格差だけでなく，社会を問わず女性や子ども，低所得層・先住民族など，社会的経済的に不利な人々ほどより大きな影響を受けやすく，脆弱な立場にある。さらに，気候変動の深刻化とともに，その傾向はより拡大していくだろう。

気候変動対策を考えるうえでは，効率的にCO_2を削減することも大事だが，それと同時に，すでに影響・被害を受けている人々の救済と脆弱性につながる経済的・社会的な格差の解消を進めていくことがより重要になっている。

2 | 気候変動対策の本質

気候変動対策と聞いて思い浮かべるのは?

日本人の多くが「気候変動対策とはどのようなものか」と聞かれて思い浮かべるのは，「冷暖房の設定温度を1℃高く・低く調整すること」や「テレビを見る時間を短くすること」「シャワーの時間を短くすること」など，我慢や努力をすることだろう。日本では気候変動対策を実施することがネガティブに受け止められ，さらにはCO_2をゼロにする社会へのビジョンがもてないことが，気候

変動問題そのものを拒否する「心理的気候パラドックス」の状況を生み出してしまっていると指摘されている（木原ほか 2020）。こうした心理的気候パラドックスを解消していくためには，気候変動対策のイメージを変えていくこと。そして，CO$_2$ゼロが実現可能なものであることを示す必要がある。

　そこで本節では，どのような対策を行うことが必要であり効果的なのか，また，それを進めていくための政策や仕組み・制度について紹介する。

　日本で排出されているCO$_2$の80％以上は，わたしたちが使うエネルギーを賄うために化石燃料を燃やすことでもたらされている。そのため，気候変動対策としては，この「エネルギー起源CO$_2$」を減らすことが重要な柱になる。

　エネルギー起源CO$_2$を減らすためには，大きく分けて二つの方法がある。ひとつは，社会全体で使用しているエネルギーの総量を減らす省エネルギー・エネルギー効率向上を行うことである。二つ目は，CO$_2$を出さない方法でエネルギーを作り出す再生可能エネルギーへの転換を進めることである。

・・

省エネルギーの必要性とベネフィット

　日本は1973年と1979年に起こった石油危機の後から，エネルギー消費効率の改善に力を入れ，世界トップクラスの省エネを達成してきた。そのため気候変動対策としてさらなる省エネに取り組むことに対して，産業界を中心に「これまで十分に省エネ対策をやりつくしてきた。もうやれることはない」という考え方が広がり，省エネ対策は企業の自主的な取り組みに任されてきた。その結果，経済が停滞したことも相まって，日本のエネルギー消費効率改善は1990年以降停滞してきた。一方，欧米諸国では気候変動対策としてエネルギー効率の改善が進められ，近年ではイギリスが日本を上回り，他の欧州諸国も日本と遜色ないレベルになってきた（資源エネルギー庁 2022）。

　日本が省エネに力を入れた時代から30年以上が経過したいま，設備の老朽化やメンテナンス不足によるエネルギーロスが増大している。今後の省エネ対策として重要なことは，古い設備を更新する際には最新の効率的な機器への転換を行うことや，建物の断熱性能を向上させていくことである。とくに日本の建築物の65％以上は断熱レベルが低く，壁や屋根，床，窓などから熱が逃げてしまうため，建築物のエネルギー効率が低下している。

こうした対策を進めていくためには，自主的な取り組みに任せるだけでは不十分であり，新築建築物の断熱性能基準の適合義務化とその引き上げ，さらに既設建築物の対策を進める規制や基準の整備や補助金・税制優遇など，政策による後押しが欠かせない。

省エネルギー対策を進めることには，様々なメリット・ベネフィット（便益）がある。断熱性能の高い省エネ住宅に住むことは，CO_2削減につながるだけでなく，家に住む人にとって快適性を上げ，ヒートショックや熱中症など病気の予防にもつながる。日本ではヒートショックによる死亡者数は，消費者庁によれば入浴中の事故だけに絞っても年間1万9000人にのぼり，年間交通事故死亡者数約2300人の8倍以上にもなる。また，熱中症の約6割は自宅や施設内などの屋内で発生している。建物の断熱性能を向上させれば夏場は熱を逃し冷気を留めることで冷房効率もよくなり，屋内での熱中症のリスクの低下につながる。夏涼しく冬暖かい家に住むことは，エネルギーコストの節約に加え，病気や死亡リスクを下げることにもつながるのだ。住宅の断熱性能向上のためにかかる費用は，エネルギー費用の節約や，さらには医療費削減効果をあわせて考えれば十分に回収可能なものだ（伊香賀ほか 2011）。さらに断熱リフォームや改修のための工事を地域の工務店などで行えば，地域経済の活性化にも貢献することになる。住宅の省エネ化は，快適性の向上，家計の節約，医療費の削減，地域経済の活性化など様々なベネフィットを，家庭にも地域にももたらす可能性が高いのである。

••
再生可能エネルギーへの移行

省エネルギーとともに有効な気候変動対策として期待されているのが，太陽光や風力，バイオマス，水力といった再生可能エネルギー（以下，再エネ）である。再エネは，自然の循環のなかから生まれるエネルギーであるため化石燃料である石油や石炭のように枯渇する心配がなく，CO_2を排出しないという特徴がある。そのため電力や燃料などのエネルギー源を再エネに転換していくことが有効な気候変動対策になる。

国際エネルギー機関（IEA）が2050年までにCO_2の排出を実質ゼロにするための削減シナリオを発表し，このなかで2020年から2050年にかけて対策技術別の

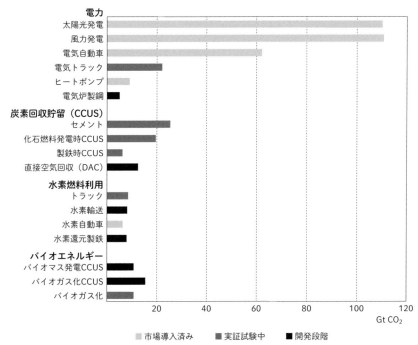

図1-1　技術別の累積排出削減量（2020 ～ 50年，2020年比）
出所：IEA 2021：97.

累積排出削減量を試算している（IEA 2021）。この試算では，様々な技術がある
なかでも，すでに存在する技術である太陽光発電，風力発電，電気自動車によ
る削減量が最も大きくなると予想されている。このことからも将来開発が進む
ことが期待される新たなイノベーション（技術革新）だけに頼るのではなく，現
時点で実現可能な省エネ・再エネ技術をいまから最大限に導入していくことが
1.5℃目標を達成するためには必須であることが分かる。

　そのうえで，現在は実証試験や開発段階にある技術（二酸化炭素回収・貯留技
術）についても，重工業や航空業などの再エネへの完全な転換が2050年時点で
も困難な部門で排出されるCO_2を相殺するために，開発を進めていく必要があ
る（図1-1）。

　再エネ普及に向けた課題としては，コストが高いことや供給が安定的でない
ことが挙げられる。ただし再エネのコストは年々低下しており，近年は化石燃

料を下回り，最も安い電源として認知されるようになってきた。日本でも家庭用太陽光発電の発電コストは，2014年にはすでに家庭用の電力料金の平均単価よりも安くなっており，とくに電気代が高騰している近年は太陽光発電で自家消費をしたほうが電気を安く使える状況にある。

　再エネのコスト低下を受けて，積極的に再エネ転換を進める企業も増えてきている。企業がサプライチェーン全体で使用する電力をすべて再エネに転換することを目指す国際的なイニシアティブ「RE100」には，金融，IT，製造業を中心に世界の名だたる企業400社以上（2023年6月末時点），日本からも80社が加盟している。そのうち75%は，2030年までに再エネ100%達成を目標にしている。さらにはマイクロソフトやアップル，グーグルなどの53社は2020年時点で100%を達成している。RE100ではサプライチェーン全体での再エネ100%が求められるため，今後は中小企業においても再エネへの転換が求められるようになる。

　また再エネの普及には，大きな経済効果がある。IRENA（国際再生可能エネルギー機関）によれば，再エネ関連産業による雇用者数は世界中で成長を続け，2021年には約1270万人が直接的・間接的に再エネに関する雇用に就いている。とくに全世界で太陽光発電に関する雇用が伸びており，日本でも太陽光発電分野だけで15万人以上の雇用が生まれている（IRENA 2022）。

　さらに，ロシアのウクライナ侵攻に伴い世界的に化石燃料価格が高騰したことで，2022年の日本の貿易収支は約20兆円の赤字となった。その原因となったのは燃料輸入額の増大で，過去最高の33兆4000億円となった。国産資源である再エネを進めていくことは，エネルギー安全保障と貿易赤字の解消，ひいては国内での経済循環にも寄与するものとなるはずだ。

　また，再エネの活用は，途上国にこそ大きな可能性があり，エネルギー資源の確保とともに雇用の創出，経済の発展，貧困の解消，格差の是正などSDGsの推進にもつながることが期待されている。

3│脱炭素社会に向けた変化の兆し

...

システムチェンジの必要性

これまでの日本の気候変動対策では，ひとりひとりの努力や，企業の自主的な努力，それらを促すための呼びかけやお願いレベルの取り組みが中心になってきた。そのため市民にとっては，気候変動対策の必要性は頭では分かっていても，実際には手間やコストがかかるためにやりたくないことであった。企業においても気候変動対策は，社会貢献活動であって，本業である経済活動よりも優先されるものでは決してなかった。地方自治体にとっても気候変動対策は優先課題にはなってこなかった。

2050年までにCO_2排出をゼロにするためには，これまでの各主体の努力に頼った削減から，脱炭素をひとつの軸としてエネルギーや産業，都市の構造，ライフスタイルなど，社会全体を大きく転換することによって，気候変動問題に関心をもたない人も含めて，誰もが当たり前のようにCO_2を出さないことを選択できる「脱炭素社会」になっていく必要がある。

本節では脱炭素社会の実現に向けた変化の兆しとして，企業と金融，自治体の動きについて紹介する。

...

脱炭素社会における企業と金融の変化

企業が新たな事業を始めるためには，資金（お金）が必要になる。必要になる資金は自社で一部負担もするが，その大部分は出資者を募って集めたり，銀行から融資を受けたりして，必要な資金を調達している。つまり企業にとってたくさんのお金を出してくれる投資家や銀行などの金融機関は，非常に大きな影響力をもつ存在になる。

近年，金融機関や投資家は持続可能性を重視し，環境・社会・ガバナンスへの長期的な視点をもった「ESG投資」を行うようになってきた。世界のESG投資額は年々増加傾向で，2020年は35兆3010億米ドル（約3900兆円）にもなった。日本の投資全体に占めるESG投資の割合も，2016年は3.4%だったものが，2020年は24.3%にまで上昇している（Global Sustainable Investment Alliance 2021）。近

年，とくにパリ協定発効（2016年）以降は，企業に影響力をもつ金融機関や機関投資家が，気候変動対策を行わないことを経済的なリスクとして捉えて企業の評価を行うようになり，それが投資行動にも反映されるようになっているのだ（Global Sustainable Investment Alliance 2021）。

　こうした変化に伴い，気候変動対策に前向きではない企業は，ESGに配慮しない企業＝将来性がない企業として認識されることになり，金融機関や投資家から金が集められなくなってしまう。実際にESG投資の一環として，化石燃料関連企業の株，債券，投資信託を手放す行動「ダイベストメント（投資撤退）」が広がりをみせている。ダイベストメントを宣言した金融機関・機関投資家の数は2021年末までに約1500になり，資産総額は約40兆米ドル（約5200兆円）にもなる（Global Sustainable Investment Alliance 2021）。

　ダイベストメントされる企業にとっては，株価の下落や，新規の融資が拒否されるといったデメリットが生じ，企業経営に深刻なダメージを与えることにもなりかねない。そのため企業には，再エネ転換や省エネの推進などの積極的な気候変動対策の実施が求められることになる。

・・・
脱炭素地域づくりの広がり

　気候変動対策を推進することは日本政府（国）の役割であるが，国全体の「脱炭素化」を進めるためには，都道府県や市町村などの自治体・地域レベルでの取り組みも重要になる。日本でも2050年までにCO_2排出実質ゼロを目指すことを表明する自治体「ゼロカーボンシティ」が増加している。2023年6月末時点で宣言自治体の数は970を超え，表明自治体の総人口は1億2500万人以上になる（環境省 2023）。

　地域で気候変動対策を進めていくうえでは，それぞれの地域の特性を踏まえた施策・制度を検討・実施していくことが重要になる。人口規模や産業構造，気候風土，抱える社会的な課題などは自治体ごとに違いがあるからだ。たとえば東京都は日本の首都であり，人口が多く，たくさんの企業や国会，行政機関など業務部門の建物が集まっている。一方で土地価格や物価が高いため大規模な工場はほとんどない。そのためCO_2排出量における業務部門の割合が大きく，オフィスやビルを中心とした対策を進めていくことが重要になる。また，エネ

ルギー源別のCO$_2$排出量では電力が65％以上を占めていることから，業務部門や家庭での再生可能エネルギー電力への切り替えを進める施策が有効になる。

　一方で，地方の小さな自治体では，大都市などに比べればCO$_2$排出量は少なく，大きな産業がないという場合もある。さらに，少子高齢化や若者層の都市への流出による人口減少や，それに伴う労働力不足，中小企業の後継者不足，地域産業の衰退，税収減による行政サービスの質の低下，空き家問題など，多くの課題を抱えているために，気候変動対策の優先順位は低くなりがちである。

　しかしながら，こうした多くの課題を抱える自治体・地域でこそ，気候変動をテーマにした地域づくりに取り組むべきだ。たとえば，省エネ・再エネ事業を地域で行うことで若者の雇用を生み出したり，再エネ事業で得た収益を地域の森林整備や子育て支援などに活用したりするなど，脱炭素と地域課題の解決を同時に行うことも考えられる。

4｜気候正義という視点
・・・・

　ここまでみてきたようにCO$_2$排出をゼロにすることは，エネルギーや都市の構造，住宅や機器，自動車などの技術面とそれを進めるための制度面の二つの転換によって実現できる可能性がある。課題となるのは，そのうえでどのような社会をつくるのかということだ。

　近年の世界的なエネルギー危機への対応とカーボンニュートラルの実現のために，日本政府は2023年2月に「脱炭素成長型経済移行法」を国会に提出した。再エネの促進とともに，原発依存度を低減させるという従来の政府方針を転換し，原子力発電の積極的な利用を進めるものだ。ほかにも水素・アンモニア利用の推進と化石燃料からのCO$_2$をゼロにする炭素回収貯留技術の推進などが含まれている。

　一見すれば日本も脱炭素社会への移行に向けて大きく動き出したように思える。しかし，これらの政策はいったい誰のためのものなのだろうか。日本が脱炭素に取り組む動機は，他国や金融，サプライチェーンなどの外圧の影響が大きいようにみえるし，国民の安心や安全よりも経済成長を優先する方針には，これまでの産業構造や社会経済システムを転換しようとする意思が感じられない。

いまの日本の目指そうとする脱炭素社会には，構造的な格差を是正し，気候変動の影響や，負担，利益を公平・公正に共有し，弱者の権利を保護するという人権的な視点「気候正義」や倫理観が欠如しているのではないだろうか。

もうひとつの問題として，「世代間の公平性」がある。気候変動でより深刻な被害を受けるのは将来世代であるにもかかわらず，対策の意思決定は上の世代によって行われている。対策が遅れ，後の世代が甚大な被害を受けるとしても，その決定をした上の世代の人たちはそのときには誰もおらず，責任もとれない。近年こうした格差の是正を求め，気候正義の視点から声を上げる，若者たちによる新しいムーブメントが生まれている。こうした若者の声に大人世代は真摯に向き合っていかなければならない。

脱炭素社会への移行とは，様々な脆弱性を踏まえながら，今日の社会に存在する人権問題を解決し，誰も取り残されない，より公正な社会と経済をつくっていくSDGsの取り組みそのものである。わたしたちは，改めてそのことを認識しながら，これまでの資本主義経済のあり方自体を問い直していかねばらない。

参考文献

—

伊香賀俊治・江口里佳・村上周三・岩前篤・星旦二・水石仁・川久保俊・奥村公美　2011「健康維持がもたらす間接的便益（NEB）を考慮した住宅断熱の投資評価」『日本建築学会環境系論文集』76：735-740。

環境省　2023「地方公共団体における2050年二酸化炭素排出実質ゼロ表明の状況」https://www.env.go.jp/policy/zerocarbon.html（2023年6月30日閲覧）。

気候ネットワーク　2021『公正な移行——脱炭素社会へ，新しい仕事と雇用をつくりだす』。

木原浩貴・羽原康成・金悠希・松原斎樹　2020「気候変動対策の捉え方と脱炭素社会への態度の関係」『人間と環境』46 (1): 2-17。

資源エネルギー庁　2022『エネルギー白書2022』。

Climate Action Tracker 2021. 1.5° C-consistent Benchmarks for Enhancing Japan's 2030 Climate Target. https://climateactiontracker.org/publications/1o5C-consistent-benchmarks-for-enhancing-Japans-2030-climate-target/（2023年5月20日閲覧）

Global Sustainable Investment Alliance 2021. Global Sustainable Investment Review 2020. https://www.gsi-alliance.org/（2023年5月20日閲覧）

IEA 2021. Net Zero by 2050: A Roadmap for the Global Energy Sector. https://www.iea. org/reports/net-zero-by-2050 (2023年5月20日閲覧)

IPCC 2021. AR6 Climate Change 2021: The Physical Science Basis. https://www.ipcc.ch/ report/ar6/wg1/ (2023年5月20日閲覧)

IRENA 2022. Renewable Energy and Jobs Annual Review 2022. https://www.irena.org/ publications/2022/Sep/Renewable-Energy-and-Jobs-Annual-Review-2022 (2023年5月 20日閲覧)

WMO 2021. WMO Atlas of Mortality and Economic Losses from Weather, Climate and Water Extremes (1970-2019). https://library.wmo.int/index.php?lvl=notice_dis-play&id=21930#.YS4KedP7TX0 (2023年5月20日閲覧)

Case Study | ケーススタディ 1

脱炭素社会で雇用はどう変わるのか

　脱炭素社会への移行は，脆弱性の解消や地域の発展，新たな産業の拡大などにつながる可能性がある一方，既存の一部の産業，とくに化石燃料関連産業およびエネルギー集約型産業の企業やそこで働く労働者は影響を受けることになる。国際労働機関（ILO）は，脱炭素社会への移行に伴い，2030年までに再生可能エネルギー関連分野では全世界で2400万人の雇用が新たに創出される一方，石炭や石油などの化石エネルギー関連分野では600万人の雇用が失われると予測している（ILO 2021）。とくに，化石燃料関連産業およびエネルギー集約型産業の企業やそこで働く労働者は影響を受けることとなる。日本国内だけでも，これらの産業で働く従業員数は約15万人，そこで生み出される付加価値の総額は4兆円を超えると推計され，その影響は非常に大きい（気候ネットワーク 2021）。

　実際に脱炭素社会への移行によって，電力・鉄鋼・自動車など一部の産業では，すでに大きな影響が出ており，転換を余儀なくされている。たとえば石油・石炭・天然ガスなどを扱うエネルギー関連企業では，化石燃料の使用の禁止・制限は事業の存続の危機につながる。自動車産業では，これまで製造してきたガソリン・軽油等の自動車から，走行時にCO_2を排出しない電気自動車に転換するためには，改めて技術体系，車体設計，製造体制，人材の養成などの見直しを求められることになり，そのためには多くの資金が必要になる。実際に日本でもガソリン車の製造工場が閉鎖されることが起こり始めている（表1−2）。

　誰もが取り残されず生活を担保できるように，とくに労働者の仕事と収入を確保していくための取り組みを「公正な移行（ジャスト・トランジション）」と呼ぶ。日本は過去，炭鉱閉鎖に伴い20万人以上の離職と移行を経験し，その際には4兆円の財政支出を実施している。こうした経験も踏まえながら，個々の企業だけでなく，それらの産業に依拠した地域についても脱炭素への移行を円滑に行えるように支援していくことが必要になる。

表1-2　国内での脱炭素社会への転換に伴う影響例

部門	地域	内容
電力	山口県宇部市	電源開発が宇部興産との共同出資での建設を予定していた石炭火力発電所の計画のとりやめを発表。
鉄鋼	広島県呉市, 和歌山市, 茨城県鹿島市, 千葉県君津市, 北九州市	日本製鉄が高炉5基を休止の後に閉鎖し, 国内に立地する高炉を15基から10基に削減すると発表。
自動車	栃木県真岡市	ホンダがエンジン製造工場を2025年に閉鎖すると発表。

出所：気候ネットワーク（2021）より作成。

　具体的に諸外国では，離職者への職業訓練や再就職に関する情報提供を行ったり，脱炭素関連産業（風力発電や太陽光発電）やハイテク産業を誘致したり，既存産業の工場跡地や炭鉱跡地を観光に活用したり，新たな雇用の受け皿を準備する試みが実施されている。

　脱炭素社会への移行を早く円滑に進めていくためには，いまサステナブルではない仕事に就いている人々の声も取り入れながら，誰も取り残さない社会を描いていく必要がある。

参考文献
—

気候ネットワーク　2021『公正な移行――脱炭素社会へ, 新しい仕事と雇用をつくりだす』。
ILO 2021. Renewable Energy and Jobs: Annual Review 2021. https://www.ilo.org/global/publications/books/WCMS_823807/（2023年5月20日閲覧）

Active Learning | アクティブラーニング 1

気候変動問題のリスクを認識しよう

気候変動問題が進むと，どのような影響を受けることになるのかを考えよう。とくに，その影響を受けやすい人々はどのような立場の人だろうか。

脱炭素社会をイメージしよう

気候変動対策は，社会や経済，生活にどのような変化をもたらすのだろうか。2030年や2050年には何が変わっているのか，使用するエネルギーや製品，住まい，自動車，産業，住んでいる町，仕事はどう変わるのかをイメージしよう。

ウクライナ戦争を気候変動から捉え直そう

ロシアのウクライナへの侵攻に伴って，エネルギー安全保障と気候変動の両立が重要な課題となっている。日本では原子力発電に注目が集まっているが，本当に原子力発電はその解決に寄与するのだろうか。短期的，中長期的な視点からその有効性，または代替案について検討しよう。

若者の意見を発信しよう

ここまでの問いと合わせて，気候正義の視点から若者はどのようなメッセージを発信すべきだろうか。また，どのような手法でメッセージを発信していくことができるかを考えてみよう。

第2章

気候工学
気候変動対策の切り札となるか

———

藤木　篤

　国連気候変動に関する政府間パネル（the Intergovernmental Panel on Climate Change : IPCC）は2021年8月に発表した報告書のなかで，「人間の影響が大気，海洋及び陸域を温暖化させてきたことには疑う余地がない」（IPCC 2021 : 4 ; 8）と明言した。気候変動は人類の活動に，多くの場合望ましくないかたちで，大きな影響を与える。たとえば上記報告書においても，「人為起源の気候変動は，世界中のすべての地域で，多くの気象及び気候の極端現象に既に影響を及ぼしている」と断定されている（IPCC 2021 : 4 ; 8）。こうした認識をもとに，近年より具体的で実効性のある気候変動対策が求められるようになってきている。そのひとつとして提唱されているのが，気候工学（ジオエンジニアリング）である。気候工学とは，「人為的気候変動を和らげるための惑星環境の大規模な計画的操作」（Royal Society 2009 : ix）あるいはその類似概念を指す。いずれも地球を工学的操作対象とみなし，いわば地球温暖化の原因を直接的に除去することで，気候変動の影響の緩和を目指すものとも言える。しかし，気候工学は気候変動対策の切り札として期待される一方で，安全性や安定性の点で懸念も示されている。地域や国境を越えて，意図せざる反応や，場合によっては破滅的な効果をもたらしかねないため，気候工学は事前に慎重な検討が必要となる技術なのである。本章では，気候変動対策として近年注目を集めつつある気候工学に焦点を当て，とくにその応用哲学・倫理学的論点を明らかにするよう試みる。

KEYWORDS #気候変動　#気候工学（ジオエンジニアリング）　#緩和　#適応　#予防原則
#倫理的・法的・社会的諸課題（ELSI）

1 │ 気候変動とその対策としての気候工学

・

気候変動に関する知見の集積

1988年6月22日，アメリカの科学者のジェームズ・ハンセンによるいわゆる「99%証言」，すなわち「地球は温暖化しており，その原因は99%の確率で人間活動に由来するCO_2の増加による」という証言が提起された（吉永 2020 : 5）。同証言以降，（いわゆる「地球温暖化」を含む）気候変動問題が国際政治における重要課題になった。この証言をはじめとして，人類の活動と地球温暖化との関係については，長らく確率論的な表現が使用されてきた。両者のあいだにはかなり高い確率で関係があるということが言われてきたが，断言にまでは至っていなかったのである。

しかし，IPCCは2021年8月に発表した第1作業部会の第6次報告書の政策決定者向け要約のなかで，「人間の影響が大気，海洋及び陸域を温暖化させてきたことには疑う余地がない」と明言した。同報告書はまた「人為起源の気候変動は，世界中のすべての地域で多くの極端な気象と気候に既に影響を及ぼしている」と断定している（IPCC 2021 : 4 ; 8）。また世界経済フォーラムは「第17回グローバルリスク報告書2022年版」で，「気候変動は，引き続き，人類にとって最も深刻な脅威だと認識されている」としている（The World Economic Forum 2022 : 18）（近年の気候変動をめぐる認識や周辺状況の変化については，本書第1章「気候危機」の記述も，併せて参照願いたい）。こうした現状とそれに対する認識をもとに，近年，より具体的で実効性のある気候変動対策が求められるようになってきている。

・

気候変動対策の二本柱 ── 緩和と適応

気候変動対策には，大きく分けて二つの考え方がある。緩和と適応である。前者は「原因物質である温室効果ガス排出量を削減する（または植林などによって吸収量を増加させる）」ことを，後者は「気候変化に対して自然生態系や社会・経済システムを調整することにより気候変動の悪影響を軽減する（または気候変動の好影響を増長させる）」ことを意味しており，両者は気候変動対策の二本柱

とされている（A-PLAT）。

　緩和策には，温室効果ガスの排出量削減の試みはもちろんのこと，二酸化炭素除去・回収貯留や太陽放射制御技術などの気候工学（ジオエンジニアリング）も含まれる。適応策の例としては「沿岸地域で温暖化の影響による海面上昇に対応するための高い堤防の設置や，暑さに対応するためのクールビズ，作物の作付時期の変更などの対症療法的対策が相当する」（広兼 2014）。

·

気候工学あるいは地球工学の提唱

　先述の通り，緩和策のひとつとして提唱されているのが，気候工学あるいは地球工学である（本章では，以降「気候工学」で表記を統一する）。気候工学とは，端的に言えば「人為的気候変動を和らげるための惑星環境の大規模な計画的操作」（Royal Society 2009 : ix），あるいは「気候変動に対抗するために，地球の自然システムに意図的に大規模な介入を行うこと」（Oxford Geoengineering Programme）を指している。

　現在，気候工学は気候変動対策の切り札のひとつとして，真剣に検討されるようになってきている。近年までタブー視されていた，気候工学研究への道筋を開いた立役者は，「人新世」という言葉の提唱者としても知られているパウル・クルッツェンである。クルッツェンは，2006年の論文で「もし温室効果ガスの排出量の大幅な削減が実現せず，気温が急速に上昇するならば，ここで紹介するような気候工学が，気温上昇を急速に抑制し，他の気候的な影響を打ち消すための唯一の選択肢である」と述べ，気候工学に関する研究の必要性を訴えている（Crutzen 2006 : 216）。その後も，定期的に気候工学に関する国際会議が開催されており，同時に，各国においても気候工学について議論が継続されている。

2│気候工学をめぐる議論

··

太陽放射制御技術と二酸化炭素除去技術

　2009年の英国学士院の報告書では，地球工学を二つの技術群に大別している（Royal Society 2009 : iv）。「二酸化炭素除去技術（Carbon Dioxide Removal : CDR）」

表2-1　気候工学の分類

大分類	小分類	手法
放射管理（RM）	太陽放射制御（SRM）	宇宙太陽光シールド 成層圏エアロゾル注入（SAI） 海洋上の雲の白色化（MCB） 海洋表面のアルベド（日射の反射率：引用者注）増加
	長波への介入	巻雲を光学的に薄くする
温室効果ガス除去（GGR）	二酸化炭素除去（CDR）	炭素回収貯留（CCS）付バイオマスエネルギー 二酸化炭素直接空気回収（DAC） 鉄散布による海洋肥沃化 鉱物の化学風化の促進（EMW）
	その他の温室効果ガス除去	（メタン回収）

注：「ここで挙げた代表的な手法は（メタン回収を除き）CEC14（気候工学国際会議：引用者注）の分科会で何らかの形で議論の俎上にのぼったものである」（杉山ほか 2015）。
出所：杉山ほか（2015）をもとに筆者作成。

と「太陽放射制御技術（Solar Radiation Management：SRM）」である。これら二つの技術群は、さらに細分化されうる（表2-1参照）。こうした分類をもとに、そもそも気候変動対策として、気候工学を選択肢に含むべきかどうかという点も含め、もし選択肢に含めるとすれば、どの技術を選択し、実行に移すかという議論は、今後よりいっそう活発になっていくことが予想される。

　気候工学のなかでも慎重論が多いのがSRMであり、さらにSRMのなかでもとくに議論の対象となることが多いのは「成層圏エアロゾル注入（Stratospheric Aerosol Injection：SAI）」である。これは端的に言うと「何らかの形態の反射性粒子ないし液滴を成層圏にまいて、太陽エネルギーが超高空飛行中のジェット機の高度より地球に近づく前に遮る」という発想である（プレストン 2020：190）。

　じつのところ、SAIは一定の効果が期待できる。環境倫理学者のクリストファー・プレストンは、SAIが「その他すべての太陽放射管理アプローチと比べて大きな利点」があり、その利点とは「実際に効果があると科学者が疑問の余地なく分かっていること」だと述べる。なぜそのようなことが言えるのかというと、「地球史上の火山の大爆発がまったく同じ効果を上げており、その過程を調べてきたからである」（プレストン 2020：190）。しかし、このように効果が確実だからといって、気候工学が内包する不確実かつ予測困難なリスクをとってよいかどうかという点については、議論が分かれている。

　実際にSAIについては現時点で様々な懸念が示されており，実現までの道のりは遠いと言わざるをえない（本章「ケーススタディ」参照のこと）。SAIの特徴については，桑田学が次のようにまとめている。

　　SAIはしばしば「安い cheap」「迅速 fast」「不完全 imperfect」という三つの点から特徴づけられ，SAIに大きな期待がかけられている所以は，まさにこの「安く」「迅速」だという点にある。
　　しかし，他方で「不完全」と特徴づけられるように，SAIが気候に与える影響には気象学的副作用や不確実性が存在する。（中略）なかでも懸念されるのが，いわゆる「終端問題 termination problem」である。これは温室効果ガス濃度が十分下がっていない状態でSAIを停止すると，急激な温度上昇が生じてしまうという問題である。（中略）SAIは本質的に対症療法にすぎず，緩和策の代替策にはなりえない。
　　　　　　　　　　　　　　　　　　　　　　　　　　　　　（桑田 2018 : 127）

　終端問題のように，気候工学を使用することで新たな責任が生じるという懸念は，前出のプレストンからも「気候工学は地球を実質的に巨大な人工物に変えるだろう」という言葉とともに提示されている。つまり「気候工学の導入以降の地球は，適量の太陽エネルギーを正確に反射・吸収するよう人類によって意図的に管理される惑星に変わる」ことになり，その結果「気候工学を用いることで，人類は太陽が絡む一切を管理し続けるという役割を引き受けることになる」というのである。当然「この役目を引き受けるなら，人類の責任は一段と増す」ことになる（プレストン 2020 : 206-207）。
　気候工学への懸念は，それだけにとどまらない。米国科学アカデミー（National Academies of Sciences : NAS）は，2015年に気候工学に関する二つの報告書を公開した（National Research Council 2015a ; 2015b）。タイトルはともに「気候介入（Climate Intervention）」を冠している。論調は総じて批判的である。とくに太陽光を反射する方法については，危険性が高いとしている。報告書では，気候介入によって「人類は様々な局面で，予知もコントロールもできない事態を招く可能性がある」と述べられている。同時に「世代間に影響を及ぼす可能性があるということは，法的にも道徳的にも，将来の世代に重大な影響を及ぼしたり，

義務を課したりする可能性のある意図的な行動をとる権限を誰がもっているかという倫理的な問題を含んでいる」ことも併せて指摘されている（National Research Council 2015b : 168）。

その後，全米アカデミーズは，太陽放射制御技術に焦点を当てた2021年の報告書において「従来の研究により，太陽気候工学は地球の表面温度を下げる効果があるということが示唆されるが，意図しないネガティブな帰結をもたらす可能性があることもまた同様に示唆されている」と結論づけている。加えて「太陽気候工学は，気候変動に対応するための追加的な戦略を提供できる可能性があるが，温室効果ガス排出量の削減に取って代わるものではない」として，前出の桑田と同じく，緩和策の代替案とはなりえないことも明言している（National Academies of Sciences, Engineering, and Medicine 2021）。

その一方でCDRについては，SRMほどの強い懸念は必要ないかもしれず，屋外実験や一部地域での実施も実現できる可能性がある。前出のプレストンは，「二酸化炭素除去と太陽放射管理との根本的な違いは際立って」おり，「二酸化炭素除去は新鮮なほど健全な企てに映り，必死の応急措置という感が太陽放射管理よりきわめて薄く，惑星の優れた健康法という感がかなり強い」として，CDRの健全性を評価している（プレストン 2020 : 220-221）。ただしCDRは確かにSRMほどには強い懸念は必要ないかもしれないが，同時に，費用対効果は必ずしも優れているわけではないため，わたしたちが気候工学に対して抱く期待に応えることはできないかもしれない。プレストンは次のように続ける。

　　要するに，二酸化炭素除去は万能薬ではない。大筋のアイデアとしては正しいほうへの動きに見えるし，わたしたちがすでに大気圏に投入した分の炭素を減らすために何らかの形で必要になりうるが，現在検討されている各種戦略は，その実現に向けて技術的および社会的障壁の数々に直面している。（中略）こうした現状はどれも，二酸化炭素除去が気候問題を解決する魔法の銃弾になりうるという期待に反している。　　　　　　　　　　　　　（プレストン 2020 : 222-223）

気候工学に関する現行の指針・原則

　前項で紹介した通り，気候工学は予測困難で不確実なリスクを内包しているため，そのガバナンスは非常に慎重に行われなければならない。現代の科学技術ガバナンスのひとつの到達点として挙げられるのは，予防原則である。気候正義や倫理の問題を扱うガーディナーは，予防原則――すなわち環境問題において環境や人体に直接的・間接的被害が予想される場合，十全な科学的証明を待つことなしに速やかな対処をすべきである，という原則――をもとに，気候危機も悪であり，気候工学を使うことも悪であるが，後者は「よりましな悪」だと捉える。そのうえで緩和策，つまり人為的な排出を直接かつ大幅に削減することが気候政策にとって間違いなく最善のアプローチであること，そして地球工学の提案には道徳的に問題があることを認めながらも，気候工学の選択肢を再検討する必要性について論じている（Gardiner 2010）。

　気候工学のための規制枠組みは未だ確立されているとは言い難いが，上記の予防原則の考え方も含む，いくつかのガイドラインや勧告が存在している。たとえば気候工学に特化されたものとして，オックスフォード原則が挙げられる。同原則は，「気候工学は公共財として扱うこと」「意思決定には市民が参加すること」「研究は開示し，その成果は公開すること」「影響の評価は（研究の主体から：引用者注）独立に行われること」「展開前にガバナンス体制を構築すること」（Oxford Geoengineering Programme）という5つの項目から構成されており，公共性や公平性，透明性を強く意識したものとなっている。直近では，米国政府が2022年夏に「太陽地球工学」の研究に関する省庁間グループを立ち上げ，研究指針や基準の策定に着手し始めている（cf. Temple 2022）。しかしながら，強制力を有した規制枠組みについては未だ十分に整備されていない。

3│気候工学の倫理的・法的・社会的諸課題

気候工学の実施は必然か

　気候変動対策としての気候工学には，期待と懸念の両面を垣間見ることができる。たとえば，前出の英国学士院の報告書は「最大の課題は，科学的あるい

は技術的問題というよりはむしろ，ガバナンスに関連する社会的，倫理的，法的，政治的問題だろう」（Royal Society 2009 : xi）という見通しを述べている。このように，気候工学を対象とした，複数のレポートや指針，勧告が，同技術に関する倫理的・法的・社会的問題（Ethical, Legal, and Social Issues : ELSI）の存在を認め，それらを軽減するための研究を行うことを提案している。しかしながら少なくとも「日本では専門家やステークホルダーのあいだで気候工学に関する議論が殆どない」（杉山ほか 2015 : 39）状況である。リスクとベネフィット，および費用と便益のバランスを含め，倫理的・法的・社会的な観点から，今後この技術にどう向き合っていくべきかを考え，議論を行っていく必要があるが，その道程は未だはっきりとはしていない。

　気候工学関連の論争を複雑にしている要因のひとつに，様々な利害の対立を広い範囲で調整する必要があることが挙げられる。このような場合，気候工学を実施することの必然性が重要な争点となる。言い換えれば，気候工学は，その正当性を強調するために，近い将来に気候大災害が発生する可能性が高い状況において，気候変動問題のほぼ唯一の解決策でなければならないという点を，説得力のあるかたちで訴え，ステークホルダーから一定の支持を得る必要がある。しかし，そのようなかたちで気候工学を実施することの必然性を保証するのは，容易ではない。次に述べる通り，確実な見通しを得ることが困難だからである。

　現在，地球工学は主に次の二つの根拠に基づいて提唱されている。「プランB」と「気候の非常事態」である。前者は「緩和策が失敗した場合の代替策」や「保険」を意味しており，それゆえ少なくとも気候工学の研究は進めるべきであるという主張を伴う。「プランB」の主張は，要するに「備えあれば憂いなし」という比較的穏当なものである。したがって激しい議論へと発展する可能性は低いように思われる。問題が予想されるのはむしろ後者で，こちらは「気候の転換点を超えて，急激で非線形かつ不可逆的な気候変動（＝「気候の非常事態」）を回避するために必要なオプションとして気候工学が正当化される」というものである（Asayama 2015 : 90，傍点は原文による）。しかしながらこの「気候の非常事態」については，「それが起こるかどうか，またどのように起こるかについてはまだ不明である」（Asayama 2015 : 90）ため，気候工学を正当化するた

めの根拠としては十分とは言い難いところが残る。したがってわたしたちは，確実な見通しを得ることが困難な，不確実な状況下で，気候工学を実施することの必然性について判断しなければならないことになるのである。

　ここで重要なのは，気候工学の実施の必然性について考える際，科学的に気候の非常事態の可能性を決定するだけでなく，差し迫った大災害の予想に基づく恐怖心や，万が一の事態に備えようとする予防的態度なども考慮する必要があるだろう，ということである。つまり科学的な確実性だけではなく，わたしたちが予防的態度を用いて，起こりうる気候大災害や気候の非常事態に対処するときにも，気候工学の実行は正当化される可能性があるのである。

　興味深いことに，この予防的・先制的な態度は，気候工学を支持する人にも反対する人にも共通している。いずれの立場も「最悪のシナリオ」を恐れ，予防的・先制的な態度でそれを回避しようとしているが，この二つのグループには重要な違いがある。賛成派は，怠慢や「不作為」を補うための行動を何もせずに気候の転換点に到達してしまう事態を危惧する傾向がある。反対派は，気候工学技術の実現に関連する，予測不可能な潜在的リスクが災難や災害を引き起こす状況を恐れており，結果として予防的態度に基づいてそれらの永久的な放棄やモラトリアム（一時停止措置）を主張する。

　気候工学の技術を用いれば，気候変動，とくに温暖化は緩和されるかもしれない。しかし後の時代になってから，負の影響が顕在化した場合，「するべきではなかったことをした」として非難の対象となるだろう。一方，気候工学の技術を使用せず，また代替手段の開発や人々の生活様式の変化といった従来型の気候変動対策も効果を上げられなかった場合，後世の人々は「するべきであったことをしなかった（利用可能な技術があったにもかかわらず，それを行使しなかった）」として現在の世代を非難することになるかもしれない。当然ながら，こうした判断は歴史上のある一点で，議論の余地なく決定されるわけではない。気候変動とその対策技術としての気候工学は，それゆえ世代内の問題にとどまらず，世代間倫理の問題へと発展しうる（Fujiki 2021）。

・・・

さらなる懸念——デュアルユース

　気候工学には，これまで検討してきたもの以外の懸念も示されている。代表

的なものとして，デュアルユース（軍民両用性，用途両義性）の問題が挙げられる。たとえば，気象は戦時において大きな影響をもたらす。「天候の作用は非常に強烈で，或る場合には敗戦の唯一の原因になったり，不運に終わった作戦の大きな理由となったことも少なくはない」（荒川 1944 : 2，原著の旧仮名遣いは現代仮名遣いに改めた）のである。そのため，気象を意のままに操作することによって，自軍にとって有利（かつ敵軍にとって不利な）気象状態を作り出すことで，戦局を変えようとするアイデアは，古くからみられる。

　またデュアルユースとの関連で言えば，たとえば人工降雨は軍事目的でも商用目的でも試みられてきた歴史がある（cf. フレミング 2012）。換言すれば，気象を意のままに操作できる権能は，気候変動や気候危機対策の枠組みを超えて，軍民を問わず濫用される可能性がありうるという懸念につながる。

　このような観点からすると，気象操作はテロリズムとも決して無縁であるとは言えない。たとえば1997年，クリントン政権の国防長官ウィリアム・コーヘンが，テロリズムに関する会議の場で，気象実験に関して「テロリストたちは，電磁波の遠隔使用により気象を変更し，地震を誘発させ，火山を噴火させるという手段で，エコタイプのテロリズムにすら手をつけている」という推論を展開している。このような推論は「あながち荒唐無稽ともいえない」。なぜなら，実際に気象操作を軍事技術として研究した，歴史上の実例が数多く報告されているためである（木元 2018 : 155）。

・・・

気候工学の今後と市民参加の重要性

　気候工学が実際に実施されるかどうかにかかわらず，その望ましいあり方に関する議論に影響を与える重要な要因は，（オックスフォード原則でも定められているように）市民の参加である。アシロマ科学組織委員会も，その会議報告書のなかで，リオ宣言の第10原則（「環境問題は，それぞれのレベルで，関心のあるすべての市民が参加することにより最も適切に扱われる」）に言及しながら，市民参加に関する提言を行っている。それとは別に，気候工学をめぐる意思決定や社会的受容の可能性について，コーナーらはより早い段階での市民参加の重要性をたびたび訴えている（Corner et al. 2011）。そのためには「気候変動対策としての気候工学」という選択肢が，より広く認知される必要がある。

そのうえでなお，地球工学の利用の検討を継続するのであれば，わたしたちが最も回避したい最悪のシナリオはいったい何か，そしてそれは気候工学を使わねば決して回避できない未来であるのか，といった点について，専門家だけではなく，一般市民や遠く距離を隔てた他国・他地域の人々を交えた，幅広いステークホルダーのあいだで，議論を深める必要があるように思われる。

参考文献

荒川秀俊　1944『戦争と気象』岩波書店。

木元寛明　2018『気象と戦術——天候は勝敗を左右し，歴史を変える』SBクリエイティブ。

桑田学　2018「気候工学とカタストロフィ」吉永明弘・福永真弓編『未来の環境倫理学』勁草書房，125-140頁。

杉山昌広・朝山慎一郎・岩崎杉紀・小杉隆信・原口正彦・森山亮　2015「気候工学（ジオエンジニアリング）国際会議」『天気』62：35-41。

広兼克憲　2014「地球環境豆知識29　緩和策と適応策」『地球環境研究センターニュース』2014年6月号（Vol.25 No.3），https://www.cger.nies.go.jp/cgernews/201406/283002.html（2022年3月1日閲覧）。

プレストン，C　2020『合成テクノロジーが世界をつくり変える——生命・物質・地球の未来と人類の選択』松井信彦訳，インターシフト。

フレミング，J・R　2012『気象を操作したいと願った人間の歴史』鬼澤忍訳，紀伊國屋書店。

吉永明弘　2020「環境倫理学の歴史と背景——沈黙の春からSDGsまで」吉永明弘・寺本剛編『3STEPシリーズ2　環境倫理学』昭和堂，1-16頁。

Asayama, S. 2015. Catastrophism toward 'Opening Up' or 'Closing Down'? Going beyond the Apocalyptic Future and Geoengineering. *Current Sociology* 63 (1): 89-93.

Corner, A., K. Parkhill & N. Pidgeon 2011. Experiment Earth? Reflections on a Public Dialogue on Geoengineering. In *Understanding Risk Working Paper* 11-02. Cardiff: School of Psychology.

Crutzen, P. J. 2006. Albedo Enhancement by Stratospheric Sulfur Injections : A Contribution to Resolve a Policy Dilemma? *Climatic Change* 77 (3-4): 211.

Fujiki, A. 2021. Reconsidering Precautionary Attitudes and Sin of Omission for Emerging Technologies : Geoengineering and Gene Drive. In T. Matsuda, J. Wolff & T. Yanagawa (eds.), *Risks and Regulation of New Technologies*. Singapore : Springer, pp. 249-267.

Gardiner, S. 2010. Is 'Arming the Future' with Geoengineering Really the Lesser Evil? Some Doubts about the Ethics of Intentionally Manipulating the Climate System. In S. Gardiner (eds.), *Climate Ethics : Essential Readings*.New York : Oxford University Press, pp. i-351.

IPCC 2021. Summary for Policymakers. In : Climate Change 2021 : The Physical Science Basis. Contribution of Working Group I to the Sixth Assessment Report of the Inter-governmental Panel on Climate Change.

National Academies of Sciences, Engineering, and Medicine. 2021. *Reflecting Sunlight: Recommendations for Solar Geoengineering Research and Research Governance*. Washington, DC: The National Academies Press. https://doi.org/10.17226/25762. (2023年6月6日閲覧)

National Research Council 2015a. Climate Intervention : Carbon Dioxide Removal and Reliable Sequestration. Washington, DC : The National Academies Press. https://doi.org/10.17226/18805. (2023年3月1日閲覧)

National Research Council 2015b. Climate Intervention : Reflecting Sunlight to Cool Earth. Washington, DC : The National Academies Press. https://doi.org/10.17226/18988. (2023年3月1日閲覧)

Royal Society 2009. Geoengineering the Climate : Science, Governance and Uncertainty. https://royalsociety.org/topics-policy/publications/2009/geoengineering-climate/ (2023年3月1日閲覧)

Temple, J. 2022「ついに動き出した米「太陽地球工学」政策，5カ年計画作成へ」MIT Tech Review, https://www.technologyreview.jp/s/279840/the-us-government-is-developing-a-solar-geoengineering-research-plan/ (2023年3月1日閲覧)

The World Economic Forum 2022. *The Global Risks Report 2022, 17th Edition*. https://www3.weforum.org/docs/WEF_The_Global_Risks_Report_2022.pdf (2023年3月1日閲覧)
（ウェブサイト）

A-PLAT「気候変動と適応_気候変動適応情報プラットフォーム（A—PLAT）」国立環境研究所気候変動適応センター，https://adaptation-platform.nies.go.jp/climate_change_adapt/index.html (2023年3月1日閲覧)。

Oxford Geoengineering Programme, http://www.geoengineering.ox.ac.uk/www.geoengineering.ox.ac.uk/ (2023年3月1日閲覧)

Case Study ┃ ケーススタディ 2

イギリスの気候工学
SPICE プロジェクト

　気候工学の操作対象は，惑星全体の気候システムというきわめて複雑なものである。そのため気候工学，とくに太陽放射制御技術の影響を研究し，評価するためには，理論研究の段階から，いずれ野外での実験の段階へと展開することが不可欠である。「太陽放射管理テクノロジーによる地球規模の影響については，実際に試す以外に説得力を持って検証する方法がない」ためである（プレストン 2020：200）。気候工学以外の他の技術に関しては，一般的に実証的検証が可能であることがほとんどである。しかし気候工学の場合，予測困難で不確実なリスクを伴う技術の，とくに最初の実験を誰がいつどこで行うか，といった問いに代表される，倫理的・法的・社会的課題が生じる。また仮に特定地域における一定規模の実験が実施できたとして，その結果を地球全体のレベルにまで拡張できるかどうかについては，別の議論が必要になる可能性がある。

　野外実験を実施することの困難さを物語る事例がある。イギリスでは，太陽放射制御技術に関する SPICE（Stratospheric Particle Injection for Climate Engineering：成層圏粒子注入気候工学）プロジェクトが進められていた。SPICE は英国政府から160万ポンド（約2億円）の助成を受けたプロジェクトで，反射性エアロゾルを成層圏に噴出することによって，地球を温暖化させる太陽光の一部を宇宙空間へ反射できるかどうかを調べようとしていた（Cressey 2012）。同プロジェクトでは，その一環として，2012年5月に上空1キロに浮遊させたバルーンから150リットルの水滴を散布するという実験の実施を計画していた。この実験の規模では，気候に影響を与える危険性はなく，環境リスクも無視できる程度である。また SPICE プロジェクトは研究の各段階で専門家からの評価を受けることになるが，環境に直接的な影響を与えるような研究ではなかったため，参加大学の倫理的手続きを問題なく通過していた。

　しかし，それにもかかわらず，「このようなジオエンジニアリングに関する実

験を管理するためのルールを欠いていたこと」や，実験方法の特許申請の問題が原因で，中止せざるをえなかった（Cressey 2012）。この実験の中止は，気候工学に対する一般の人々の認識が，実験室での研究から小規模な実地試験への移行をきわめて困難にしているということを実証したかたちになる（cf. Preston 2013 : 27）。その意味で，気候工学は一般の人々の認識や世論の動向に常に気を配る必要がある。またそうであるがゆえに，気候工学を推進しようとする者は，第2章本文でもすでに紹介した「オックスフォード原則」が言及するように，同技術の公共性や公平性，透明性を担保するよう努めなければならないのである。

参考文献
—

プレストン，C　2020『合成テクノロジーが世界をつくり変える——生命・物質・地球の未来と人類の選択』松井信彦訳，インターシフト。

Danial, C. 2012. Geoengineering Experiment Cancelled Amid Patent Row. *Nature News & Comment Published*, 15 May 2012. https://www.nature.com/news/geoengineering-experiment-cancelled-amid-patent-row-1.10645（2023年3月1日閲覧）

Preston, C. J. 2013. Ethics and Geoengineering : Reviewing the Moral Issues Raised by Solar Radiation Anagement and Carbon Dioxide Removal. *Wiley Interdisciplinary Reviews : Climate Change* 4（1）: 23-37.

Active Learning ｜ アクティブラーニング 2

Q.1

身近な問題について考えを述べてみよう

気候変動に言及した報道・作品について調査し，身近なレベルから世界規模の
レベルまで，気候変動の影響について考えてみよう。またそれらが将来実際に
起こりうるかどうか，その可能性について考えてみよう。

Q.2

関連文献や映像作品を通して考えを述べよう

IPCCの最新の報告書と，気候変動懐疑派の意見の両方に目を通し，自分自身の
考えをまとめよう。

Q.3

グループで討論してみよう

上記Q.1およびQ.2の内容をもとに，グループで「気候変動対策としての気候工
学」を実施することの是非について，とくに公共性や公平性，透明性の観点か
ら討論してみよう。

Q.4

レポートを書いてみよう

上記Q.3での討論とその後の調査結果を踏まえ，①わたしたちの社会は気候変
動という問題に今後どのように向き合っていくべきか，②その際，気候工学が
選択肢のひとつとして考えられるか，の2点についてレポートをまとめてみよ
う。

第3章

システム
多重のシステムを生きるわたしたち

———

松田　毅

　　ここでは，わたしたちはどのような近未来社会を望み，そのためにどのような制度設計をするべきかを応用哲学の課題として考える。それは，「人新世」の現在を「気候危機」として認識し，システムとしての地球環境，市場経済，人間社会の織りなす連動性と複雑性を把握し，持続可能な社会へと移行するという重要な課題である。一般にシステムは，その諸要素を様々に制約するが，同時に，その諸要素はシステムに一方的に条件づけられるのではなく，逆に，その多様な挙動によりシステム自体を変化させるという面ももつ。たとえば，個人は社会に条件づけられているが，個人や集団が，技術的イノベーションの社会実装や新しい価値観・ライフスタイルの導入により，社会を変貌させることもある。その圧倒的な生産力により，市場経済は地球環境を大きく変化させてきたが，その結果，今度は，地球環境が市場経済と人間社会に根本的な変革を迫っているという現状がある。求められる移行の有り様を考える基礎として，システムとしての環境の特性とその危機に関する理論を特徴づけ，社会を再組織化するためのビジョンの選択問題にまで導く。

KEYWORDS　#システム　#複雑性　#経済　#環境　#移行

1│システムとは何か

・

「システム」という難物

　この章では気候危機を「システム」の観点から捉え，どのようにわたしたち
が難局に向き合うべきかという問題を応用哲学の課題として考える。まずその
手掛かりとして『ブリタニカ国際大百科辞典』（電子版）の「システム」の説明
を参照してみる。最初に気づくのは，systemの訳として「系」「体系」「組織」
が与えられている点である。「システム」という用語にはこのような多義性があ
る。実際，ヘーゲルの「哲学体系」と「社会システム」では中身がずいぶん違
う。しかし，この両者を理解するうえで「多数の構成要素が集まって有機的に
秩序ある関係を保ち，ひとつの目的の仕事を果たす機能または組織体」という
説明にはなるほどと思わせるものがある。前者は一連の概念と命題が集まり，
論理と自然，世界史を理念の実現過程として導出するし，後者は様々な役割・
部署からなる会社の利益追求や役所の組織運営の様子を理解させてくれる。『辞
典』は「多数の細胞からなる生物」も例に挙げるが，ここで問題になるのは，
地球の気候現象と人間の経済活動をひとつのシステムとみるとき，「秩序ある関
係」が崩れ，いま「危機」が訪れつつあるのではないか，という懸念である。
　『辞典』はこの概念が注目された理由を，経済社会のあらゆる分野で「その要
素と個々の機能を分析し，その目的達成のために最も能率のよい組み合わせを
つくろうとする考え」に求める。この説明は，システム概念の背後に企業や行
政を「最高の能率」を目指し，諸手段を組み合わせる「合理主義」の精神によっ
て組織するべきだ，という価値観があることを示唆する。それは，人間がシス
テムを，機械の組み立てや運転のように，外から操作できるという前提にたつ。
しかし，気候危機もシステムの挙動とみなし，パリ協定に基づく対策や工学的
介入をするとき，「人新世」の概念が示すように，経済活動がシステムの決定的
要素となり，気候が容易に制御できない点が浮き彫りになる。気候を「目的手
段関係」から把握することが妥当かという疑問も生じる。
　そう考えると，システムと構成要素の関係は，むしろ気候と経済活動のよう
にたがいに規定しあう関係のほうが一般的に思える。要素論的で合理主義的な

『辞典』の見方は決定的ではない。さらにシステムが要素を条件づける一方，要素の挙動がシステムを変化させる面も着目したい。この意味で経済社会に対する個人の関係も動的で多重的である。システムの動性と多重性は，アプリケーションを開発する，システム・エンジニア（筆者のある知人）の「プログラムとその使用者が一体となって初めてシステムなのに，プログラムだけがシステムだという思い込みがある」という呟きにも垣間見える。エンジニアもユーザーもかれらを要素として制約する上位のシステムの一部である一方，かれらは，かれらの属するシステム全体を変容させうる側面ももつ。これはシステムとしての環境とその構成要素にも言えるだろう。

　「バタフライ効果」は，映画『ジュラシック・パーク』により一般にも知られるようになった，決定論的カオス理論の概念である。気象学者の「蝶の羽ばたきが地球の裏側で竜巻を起こすか」という問いは，法則自体は決定論的であるにもかかわらず，初期条件の微少な違いが，遠い場所の穏やかな晴天を竜巻に変えるような，気候を支配する法則独特の「初期条件敏感性」を明らかにした。その後，この概念は小さな違いが結果的に大きな違いを生む事態を隠喩的に表現するようになった。システムの要素である個人の挙動にもこの効果があるかもしれない。

・

物理と生物

　次にシステムの動性と多重性から気候危機を分析する枠組みとして複雑系の科学を紹介する。イタリアの経済学者，ボネッティの『大移行』（Bonaiuti 2014）の叙述を助けにする。その生命経済学は，生命システムを基盤にゲオルゲシュー=レーゲンの「エントロピー経済学」を発展させたものである。それは，エントロピー増大則として知られる熱力学の第二法則からの帰結として「経済活動には成長の限界がある」と主張する。つまり，あらゆる生産活動は，投入エネルギーを増大させ続けても，不可逆的劣化を免れないので，閉じた生命圏で行われ，再生不可能な資源を用いる経済活動には，以下の2点を核とする「持続不可能性」が帰結する。

　まず「無限の生産と消費」はエントロピー増大則と両立しないこと。近年の諸データも生命圏がグローバル経済を支えきれなくなっていることを示してい

る。第二に，資本投下・商品生産（売買）・資本獲得の過程を繰り返す「無限の再生産」が原理的に不可能である以上，発想を転換し，経済活動も不可逆であると考えなくてはならないこと。

　生命経済は三層の複雑系である。エントロピー，フィードバック，スケールと創発の概念が説明する物理システム，変数の非最大化，多目的，競争と協力の組み合わせ，拡大的でない局面での協力成功が分析する生物システム，共有された世界表象の形成能力を特徴とする社会システムである。三つのシステムは，相対的に自律的であるが，その階層間には相互作用がある。

　フィードバックには正と負の機能があるが，前者はシステムへの入力を強化し，後者は弱める。たとえば，生命維持に必要な「ホメオスタシス」は，体温や血液の塩分濃度を一定に保とうとする。暑いとき，体温を下げるため，負の機能として汗をかく一方，血液の状態を保つため，正の機能として水分補給し，塩分も摂取するような，生体に内在する自己調節機能を思い浮かべてみよう。必要な要素の量が閾値を超えて増減する場合，生体が危機に陥らないようにするのである。本来は気候システムにも類似の均衡過程があるが，現在，温室効果ガスが気温を上昇させる，地球環境に対する正のフィードバック機能を抑制することが課題となっている。コロナウイルス感染症の場合の免疫システムの過剰反応，「サイトカイン・ストーム」でもそうであるが，危険な不均衡状態の昂進を緩和し，システムを持続させるには介入が必要なのである。

・

市場経済と人間社会

　介入のために考慮しなくてはならないのが，システムの適切な大きさと創発である。たとえば，進化による適応の結果として，各生物の身体には適切な大きさがあるが，身体に変異が生じると，その形態も変わらざるをえない。これは社会にも言える。物理システムを土台にしながら，固有の法則と複雑さをもつ生物や社会組織が創発する。経済システムにも創発の原理は妥当するので，市場規模がグローバルになれば，個人の選好と行動からシステム全体の挙動や法則を捉え，介入することが難しくなるような事態も想定される。

　他方，生物システムは個体の成長に様々な制約を課す。個体は自己を保存すると同時に，生殖を通じて種を残す戦略をとる。自己の直接の利益だけを最大

化するのではなく，多くの目的を同時に追求しながら，ほどよく競争と協力を組み合わせ，とくに拡大を目指さない局面では，他の個体や種と協力しもする。これと比較すると，競争原理だけに基づき，自己を拡大し続けようとする経済システムは異常に見える。過剰な競争と一人勝ち状態は，生物システムでは破滅的結果をもたらすが，人間社会の場合も同様であるのは，貧困や格差，戦争の歴史が示す通りである。

　社会システムに固有の特徴が共通表象の形成である。表象は，生物が自分の環境に関してそれを形成し，刺激に直面してある決定を行う能力であり，物理システムにはない。単細胞生物も環境をモニタリングし，何か物質が現われると，それを評価し，避けたり求めたりするが，人間社会には共通の世界表象がある。重要なのは，メッセージには，発信者と受信者が存在し，シグナルのような刺激反応関係に縛られず，解釈を許し，対象を記述するナラティブとして展開される特徴があることである。そのおかげで人間社会は，物理，生物，社会環境に関する共通表象をもつことができる。それが共同行為の前提となり，社会的想像力を働かせ，科学の発展も含めて，共通表象を形成し続けることで，システムを変形する可能性が生じる。

・

地球環境

　ここでシステムの階層性と相互作用が問題になる。三つのシステムは，順に前者が後者を法則的に制約するので，物理法則に反する生物はいないし，生物システムを超える社会システムもありえない。しかし，創発や表象が示すように，各システムには独自の機構と法則がある。そのため生殖のような生物固有の行動を説明するときに，それを物理法則への還元により説明する必要はない。社会現象にも同じことが当てはまる。逆に社会が共通表象を介して，気候危機に向き合い，物理システムとしての地球環境や気候変動の影響をこうむる生物システムに介入するならば，システム間の相互作用が認められるが，介入は，生物法則や物理法則に従って行われなければ機能しない。キャンペーンしたり祈ったりするだけでは相互作用は起こらないのである。

　他方，介入を議論する場合，気候変動のメカニズムには不明な点も多いことが問題となる。『チェンジング・ブルー──気候変動の謎に迫る』（大河内 2015）

は，海洋深層水の大循環が温暖化を抑制する機能を有することを語り，その機能のスイッチの「オン・オフ・モデル」も提示している。オフで氷期になるが，いまはオンの状態である。気候変動の予測方法を，熱力学と流体力学が規定する物質循環の量的把握の「大気―海洋結合」モデルとして確立したのが，ノーベル物理学賞受賞の真鍋淑郎であるが，気候システムは，人的な温室効果ガスの排出・蓄積の正のフィードバック効果も含む，地質史的な複雑系なのである。

2 | 成長と限界利潤の低減

システムの特性―― 閾値と環境容量

　地球環境が人類の共有地である以上，気候危機も「共有地の悲劇」である。そこでも閾値と環境容量がシステムの特性と制御に関わる持続可能性の基礎になり，公共善として環境を保全する倫理も導かれる。端的に言えば，環境破壊の原因は環境の共有的性格と利用の私的性格の非対称性にある。つまり，野放しの私的利用が共有地＝環境を「汚水溜め」に変える。開拓期アメリカには草原が「無尽蔵の未開地」として拡がっていたので，開発を善とする「フロンティア倫理」があった。牛飼いが自分の牛を自由に放牧させる場合，当初は無規制でも，問題なく利益が得られたが，牛の数が増えると，草がなくなり，水飲み場も汚れ，土地は放牧に適さなくなる。これが共有地の悲劇のシナリオである（ハーディン 1993）。環境利用にも規制が必要だというのがその帰結である。

　この発想は炭素税，排出課徴金などの制度として現代社会に実装されているが，どの程度規制を行うかを決める前提として，閾値と環境容量の裏づけが必要になる。地球の有限な自然資源と過剰な消費の関係を国ごとに数値化して示す，エコロジカル・フットプリントにもそうした発想が含まれる。日本国内でも，琵琶湖や瀬戸内海の水質改善のために，工場や家庭排水に含まれる化学物質の量的規制を行っている。これはCO_2排出の国際的な規制にも妥当する。温暖化防止条約締約国会議や気候変動に関する政府間パネルは，科学的評価に基づく幾つかのシナリオを提示し，議論のうえ，一定の合意を示して，どの国がどの程度ならCO_2を排出してよいかを定める。

　共有地の悲劇のモデルが資源使用者に追加のコスト――たとえば，化石燃料

から再生可能エネルギーへの転換費用——を求めるのは新しい「囲い込み」だという批判もある。近代史上の囲い込みは，農民を土地から追い出し，財産をもたない賃金労働者とし，資本主義誕生の一契機となったが，共有地の有償使用の規則もコストを支払わなければ，無料だった環境が利用できなくなるので，貧者を切り捨てる面があると言えるからである。気候変動対策の場合，現状では国別の目標設定に関しては，各国の自主的選択を認め，関係者の全員参加とリスク負担・便益享受の衡平を保とうとしている。

・・

限界利潤の低減とシステムの危機

　生命経済学は，温室効果ガス排出と蓄積の閾値と地球の環境容量の関係だけではなく，経済システムに内在する資本投下と利潤獲得の閾値の関係を，資本主義がとらわれてきた「成長神話」の呪縛を解く鍵として提示する。それが「限界利潤の低減（DMR：Declining Marginal Returns）」であり，19世紀の経済学者，リカードの収穫逓減の法則の一般化である。「一定の土地からの収穫量は，労働投入量の増加に比例せず，追加労働単位の収穫量は逓減する」という仮説である。収穫量を増大させるために，相対的に肥沃でない，単位当たりの収穫量の低い土地も順次使用されるようになるが，これを繰り返すと，労働を増やし続けても，収穫は逓減し続け限界に達する。これを，農業分野に限らず，資本投入と獲得利潤の関係に一般化すると，資源と環境は有限なので，繰り返し技術革新をしても，資本投下には限界利潤低減の「分水界」があることが帰結する。それでも技術の力を信じ，この仮説に異を唱える経済学者もいるが，仮説の説得力は無視し難い。

　DMRはシステムの変異の二つの閾値を示すグラフで表される（図3-1）。C1とB1の交点が第一の閾値，C2とB2の交点が第二の閾値であり，縦軸が社会的利益，横軸が複雑性を表す。C1とB1の交点までは生産やエネルギー部門の技術

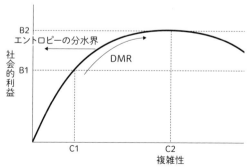

図3-1　DMRの二つの閾値

革新により市場経済は指数関数的に規模を増大させ成長したが、分水界を超えると限界利潤は低減する。

C2とB2の交点を極限として利潤が縮小に向かうが、ここでシステムに変化がないと、急激な崩壊が生じかねない。そうだとすれば、気候危機とDMRがいま同時に迫っているのかもしれない。経済システムとしての現代社会は資本蓄積の増大によって特徴づけられるが、この傾向は19世紀以降に生じた。それは化石燃料使用の爆発的増加と帝国主義的植民地支配による富の収奪と無縁ではない。そしてこのあいだ、世界戦争のように多くの危機が何度も生じた。

DMRが示唆するのは低減の時代の到来である。社会経済システムの複雑性が閾値に達すると、どの要素を増加させても、利益が減少する段階が出現する。それでも問題解決を目指し、延命策として組織を複雑にすることで、システムは対応する。新しい問題に新しい組織的解決を目指し、最初はすぐ手に入る、コストのかからない方策をとるが、それがなくなれば、コストのかかる手段を選ぶ。しかし、それもやがて機能しなくなると、複雑化とは逆の方向に進む。『大移行』が挙げる、その例は、ローマ帝国崩壊、近世ヨーロッパの植民地主義的拡大、ファシズムの権威主義的退行、ビザンチン帝国のレジリエンスである。長期間安定した社会に移行できた場合もあるが、たいていは大混乱が生じた。それを回避するために、気候危機と環境容量、民主主義的価値の制約を踏まえた社会のビジョンが必要になる。

3 │ 移行のコンセプト

...

「ファンド」としての環境

生命経済学のもうひとつの重要な概念がファンドとしての環境である。環境を、変化する「フローとストック」以外の、生産に不可欠で置き換え不可能な要素と考えるのである。確かに経済学者のなかには、生産は、労働、資本の蓄積、自然資源の量に制約されるが、技術進歩に比例して増加すると考え、資源が減少しても、資本投下が十分増加すれば、生産を増加させうると考える者もいる。しかし、「自然資源と人為資本は相互に完璧に置換されうる」とし「世界は自然資源なしにもやれる」と想定する、完全リサイクル論はエントロピー増

大則と両立しないので，生命経済学は，リサイクル不可能なファンドを持続させる営みを評価する。

　たとえば，ピザを焼くには，最低限，小麦粉とチーズ，トマトやハム，職人とオーブンが必要だが，焼き上がると，小麦粉はピザの生地になり，見えなくなる一方，調理後も職人とオーブンは残る。小麦やチーズが売買可能な「フローとストック」モデルで捉えられるのに対し，調理の要素としての職人とオーブンは代替不可能である。オーブンは手入れが必要だが，それがないとピザが焼けない点で，自然環境に似た地位を占める。腕のよい職人もいないと困るが，休暇明けには調理場に戻り，生地を捏ねる。生命経済学の「ピザモデル」は，生産・消費・サービスに対し，自然と社会を優先させ，自然資本や社会資本が持続的に維持された状態としてファンドを捉え，持続可能な社会のために，経済活動に埋め込まれた自然と社会の機能を評価する。気候危機に向き合う場合も，これらの要素を活かすことが重要である。

• • •

迂回の論理 —— 再組織化

　DMRの条件も踏まえ，気候危機に向き合い，持続可能な社会に軟着陸するためには何が必要だろうか。要件のひとつが「迂回の論理」である。責任ある行為者は，経済システムの自然と健全な社会生活の再生産の諸条件を知り，将来にわたって，ハザードなしに経済活動を「最適化」する術を獲得しなくてはならないが，「何が最適か」はシステムの制約条件抜きには決まらない。しかし，ファンドの維持は不可欠である。そのためには共有地の悲劇のモデルの場合のように，環境利用の費用を払う「自制の倫理」に通じる「自己犠牲」も必要である。同じ論理は，実は，社会資本を「将来の利得のための現在の熟慮された犠牲」とみなす経済学にも含まれる。その意味で，迂回の論理は忘却された経済哲学なのである。短期間に資源を最大限利用しつくすシステムは，全時間を通してみれば，そうしないシステムよりもパフォーマンスが劣りうるという認識，そして投資のように，後で二歩前進するため，いま一歩後退することが重要であるという認識である。ファンドの維持は，すぐには利益を生まず，費用もかかるが，システム崩壊を避けるために必須である。

　迂回の論理は，一般に，将来のよりよい機会を肯定するために，現在の好ま

しくない機会（たとえば，資源節約のため浪費）を拒否あるいは（同様に，賃金のための労働を）受容することとして特徴づけられる（松田 2018）。倫理的に表現すれば，自己犠牲も含む，自制がシステムを再組織化し，破綻なく移行させるうえで必要である。そのために払う費用も将来のための自己決定として正当化できるが，再組織化に向けて経済社会システムのビジョンを構想しなくてはならない。

…

社会ビジョンの選択——トップダウンとボトムアップ

最後に近未来の経済社会システムの条件に触れたい。『大移行』は，持続可能な社会に向けた制度改革のために，欧米「先進国の設計図」を提示している。ヨーロッパにはEUのような議会や予算の伴う行政組織も有する巨大な機構があり，国境を越え，気候危機にも積極的に向き合おうとする，理念的にもある程度一致した環境政策があるが，東アジアにはその種の枠組みはない。したがって，それがそのまま日本に適用できる保証はない。しかし，「最も低い目標」として，社会や経済が突然，崩壊し，「権威主義」に退化することだけは回避したいとする点には賛同できる。これはもちろん日本もそのプレーヤーだった，ファシズムと世界戦争の歴史的教訓に基づく。

権威主義国家の数が増加している近年の情勢を踏まえると，実際はこの最低目標の達成ですらタフな課題であるが，必要なのは，システムの多様な要素，セクターが移行に向け協働すること，社会の観点から言えば，トップダウンとボトムアップの双方向で相互作用しあうことである。システム論の用語を用いれば，気候危機に負のフィードバックを働かせ，温暖化の暴走を回避し，迂回の論理と倫理を社会実装することである。

近年，日本でも「グリーン・ニューディール（緑の成長路線）」と「脱成長」の論者のあいだで社会ビジョンの選択が議論されているが，現状では国家戦略として，砂漠にメガソーラーを設置するような，環境ビジネスも行う権威主義，GDPを指標に，成長路線をひた走る，化石燃料の色にちなんでそう呼ばれる「ブラウンな成長」モデルもいぜん強力である。テーブル上には4枚のカードが並んでいる（Fiorino 2018）。『大移行』は，国際組織や官僚機構のリスクを警戒し，地域に根ざした自律的政治文化の展開により，システムの規模が縮小し，

気候や生態系を含む社会経済システムが持続可能性に近づくことを期待するので，問題はテクノロジーではなくて，文化と政治だと考えるが，システム変更の必要性に気づく政治経済のエリートとの連携も視野に入れている。その点では，トップダウンのアプローチを否定しないが，世界全体を覆うグローバル市場ではなく，地域化された市場の再構築や共有の重要性を訴える点でボトムアップを重視する。

　日本でも，少子高齢化と人口減少による地方の衰微の困難な状況もあるが，地域の自然資本や社会資本を活かす「草の根」からのシステム変更の取り組みも始まっている。わたしたちの活動が，気候危機に負のフィードバックを働かせて温暖化に歯止めをかける，バタフライ効果を産み出し，「大移行」につながることを期待したい（広井 2018も参照）。

参考文献

—

大河内直彦　2015『チェンジング・ブルー――気候変動の謎に迫る』岩波書店。

ハーディン，G　1993「共有地の悲劇」K・S・シュレーダー＝フレチェット編『環境の倫理』下，京都生命倫理研究会訳，晃洋書房，445-470頁。

広井良典　2018『持続可能な医療』筑摩書房。

松田毅　2018「ライプニッツの経済哲学――自然と規範」『ライプニッツ研究』5：119-133。

Bonaiuti, M. 2014. *The Grate Transition*. New York : Routledge.

Fiorino. J. D. 2018. *A Good Life on a Finite Earth : The Political Economy of Green Growth*. New York : The Oxford University Press.

Case Study | ケーススタディ 3

「第三の道」の可能性
個人主義と全体主義のあいだを行く

　システム変更の可能性を哲学の問題として考えると，社会哲学や政治哲学で言えば，個人主義でも全体主義でもない第三の立場が見えてくる。存在論の言葉で表現すると，要素論でも全体論でもない立場である。

　わたしたちの存在がみな同じに見える「白紙の原子」のようなものではないのは，子どもが育つ家庭やコミュニティ，そしてそのそれぞれが帰属する自然や歴史が個人の形成に先立ち存在し，それらが個人の存在の多くを決定するからである反面，システムとしての全体社会や自然環境も，その要素を一変数として完全に決定し尽くし，個人をそのなかに閉じ込め，一歩も外に出られなくした檻のようなものでもない。

　むしろ個人は，これらの所与を基盤に，自分が意識する，しないにかかわらず，あくまで下書きされた可能性の範囲内ではあるが，他者とともに「内側から」システムを変えることができる。要素とシステムのこの関係と動態を捉える，第三の道が必要である。その候補が，原子論や全体論に代わる，存在論的「関係主義」であり，個人主義や国家主義に代わる，共有地としての環境や共通の世界表象のような「共有」を重視する，コミュニティ論である。

　同時に現実活動するものの連鎖に基づく，関係主義を描いて見せたホワイトヘッドのプロセス哲学は，その道標のひとつである。連鎖は初めからある「場」や「社会」であり，互いに独立した原子のようなものが，「実体」と呼ばれた，「基礎的存在者」の地位を占めることはない。もうひとつはモースの贈与論である。それは，人間を資本主義が想定する合理的「経済人」としてではなく，「互酬的存在」として把握する。贈与はコミュニティ内やコミュニティ間で行われ，人々のあいだに紐帯を産み出し，それを維持し続ける点で「社会資本」として機能する。持続可能な社会の哲学的基礎を論じるムラッカ（Muraca 2010）は，これに加え，ラトゥーシュ（第4章参照）の脱成長論も扱う。彼女もボネッティ

もイタリアに根をもつが，それは偶然ではない。かれらはアングロサクソンや
ドイツの資本主義とは異なる道を標榜するからである。

　第三の道として，システムに関する関係主義的存在論の可能性と問題点を深
掘りすることは，やりがいのある哲学的課題である。モースが提起した，無償
で互いに必要なものやサービスを与え合う，贈与が含む，社会システムの形成
と維持に関わる互酬性の根源的役割を，雇用契約や投資のような貨幣的手段だ
けでは維持できない，社会のファンドとして位置づけ直すことも期待される。
この意味のファンドを，気候危機と限界利潤の低減に直面する，現代に蘇らせ，
活かすことも課題となる。

　贈与は，貨幣獲得や利潤追求を目指さない，伝統的共同体の相互扶助的活動
だけでなく，NGOやNPOなど，自発的組織の活動にも含まれる契機である。
その活動は，経済活動や行政の管理とは異なる様式で，人間関係を動かして，
人々をエンパワーし，能力を高め合う面をもつ。そのような活動は端的に喜び
を与えもするが，商品生産や商品売買のような狭義の経済活動も，「信用」を前
提とする以上，その根底には，共有されたファンドへの信頼がある。

　関係主義の存在論と社会倫理は，共有地の悲劇のシナリオから引き出される
「自足と節度」の態度をわたしたちに求めるが，その価値観をどのように社会実
装するかも重要な課題であることを最後に指摘しておきたい。

参考文献

Muraca, B. 2010. *Denken im Grenzgebiet : Prozessphilosphische Grudlagen einer Theorie starker Nachhaltigkeit.* Freiburug, München : Alber.

Active Learning | アクティブラーニング 3

Q.1

システムの例を挙げてみよう

自分が属している社会的組織の例を挙げ，そのシステムについて感じるところを述べてみよう。また，社会的組織に属するメリットとデメリットを挙げ，それを正と負のフィードバック機能を踏まえ改善する可能性を考えてみよう。

Q.2

「システム」という用語がどのように使用されているか考えてみよう

「システム」の概念は自然科学や人文社会科学，技術・エンジニアリングの分野に登場する。関心がある分野で「システム」がどう扱われているか，その特徴は何かを論じてみよう。とくに，要素とシステム全体の関係に注目したい。

Q.3

システムの二面性について論じてみよう

個人はシステムの要素として何重にも制約されるが，そのおかげで生きている。反面，個人の言動がシステムを変容させることもある。この二側面を踏まえ，システムの危機にどのように個人と社会は向き合うことができるかを論じよう。

Q.4

システムの均衡と危機について他の例を調べてみよう

気候危機の場合，環境容量と閾値の関係は，大気と水の循環を含む地球環境に対する，温室効果ガスの排出と蓄積が地球の平均気温を産業革命前との比較でどの程度上昇させ，どの程度の気温上昇を閾値として不可逆の変動をもたらす可能性が大きいかを示す。他の例に即してこの関係を論じてみよう。

第4章

脱成長
消費社会から節度ある豊かな社会へ

———

中野佳裕

いまは昔，あるところに一人の航海者がいた。大海原を船で渡る彼にとって，天空の星々の配置は目的地にたどり着くための羅針盤だ。ある夜，天体の秩序は突如として崩れ（dés-astre），航は方向を失った。途方に暮れた彼は言った。「なんて大惨事だ！（Mais quel désastre!）」。現代人は皆この航海者に譬えられる。20世紀のあるとき，経済成長が人類の繁栄を約束する時代があった。それは「開発の時代」と呼ばれた。開発の時代は世界規模での開発競争を展開し，消費社会のグローバル化を進めていった。ところが21世紀に入ったいま，経済成長は人類と地球に重荷を担がせることでのみ成り立つビジネスとなっている。気候変動，環境汚染，新型感染症のパンデミック，不平等の拡大，幸福度の低下はその兆候である。経済成長の約束は「死んだ星」となってしまった……。人類は大きな岐路に立たされている。経済成長の夢をいまだ信じて死んだ星を追いかける人々がいる一方で，人類と地球の破局を諦観して何も行動しない人々もいる。本章で紹介する脱成長は，そのいずれでもない第三の道を提案する。脱成長が提案するのは大胆な方向転換，つまり消費社会から抜け出し，節度ある豊かな社会をつくる道である。

KEYWORDS　#脱成長　#エコロジー　#文化　#豊かさ　#地域主義

1　脱成長とは何か

・

言葉の意味と射程

　脱成長は，21世紀に現れた未来社会デザインの思潮のひとつである。その目的は，地球規模のエコロジー危機の主因である消費社会から抜け出し，持続可能な文明への移行シナリオを構想することにある。

　脱成長の原型となるアイデアは，1970年代のフランスに現れた二つの社会運動（エコロジー運動，文化運動）のなかで育まれた。当時両者は異なる文脈で活動を行っていたが，1990年代に入るとdécroissanceというフランス語のもとで合流し始める。

　縮小や減少を意味するこの語は，主流派経済学の文脈では「マイナス成長」を意味するものとしてこれまで否定的に受け止められていた。しかし，フランスのエコロジストたちは，エコロジー経済学の観点からこの語を解釈し直し，地球の生物再生能力と調和する生活を送るために先進工業国の環境負荷（産業エントロピー，エコロジカル・フットプリント etc.）を減らす実践・政策を示唆するスローガンとして積極的に用い始めた。他方で文化運動に携わる人々は，開発と消費社会の拡大がもたらす文化的疎外や社会的な不公正を克服するために経済成長依存の社会開発モデルからの脱却を模索していた。

　これら二つの運動の合流は，フランス語のdécroissance（縮小，減少）と音声的に近接するdécroyance（信じることを止める）とのあいだに巧みな言葉遊び（レトリック）を生み出した。かくしてdécroissanceという言葉には，「経済成長信仰からの脱却（脱成長）」という意味が新たに付与されることになった。

　2002年，パリのユネスコ本部で開催された国際会議「開発を解体し，世界を再生する」において脱開発派の哲学者ラトゥーシュは，地球規模での環境破壊と不平等の拡大に歯止めをかけ，公正なグローバル社会を実現させる道筋として，先進工業国の「脱成長」を提案する（Latouche 2003）。脱成長という言葉は南欧の左派エコロジー運動体を中心に急速に普及し，マスメディアでも論争に火がついた。2008年の第1回脱成長国際会議を契機にdécroissanceはdegrowthと英訳され，今日に至るまでに国際的な研究ネットワークが拡大している。

・
持続可能な開発を超えて

　最初期の脱成長運動は，「脱成長」という語を持続可能な開発（SD : Sustainable Development）に対抗するスローガンとして用いていた。

　持続可能性をめぐる国際的議論は，国連人間環境会議（1972年）において初めて導入された。同会議では，地球資源の有限性の観点から先進工業国の経済成長モデルの限界を認める見解が共有された。続く1974年には，国連環境計画（UNEP）と国際労働機関（ILO）によってココヨック宣言が共同採択される。同宣言では地球環境問題にグローバル・ジャスティスの視点が導入され，資源環境問題に対する市場ベースの解決法の限界，富裕国の消費パターンの転換の必要性，途上国の自力更生の促進など，開発の方向転換が提案された（UNEP 1981）。

　ところが，国際開発にエコロジカル民主主義を導入するこの試みは，米国の産業ロビー団体の圧力とキッシンジャー米国務長官（当時）の介入によって阻止され，1980年代の新自由主義政策の時代に周縁に追いやられた。1987年にブルントラント委員会が導入したSDは権力政治の妥協の産物となった。SDにおいては，地球環境破壊の原因は途上国の貧困問題に帰趨され，先進工業国の消費主義的生活様式は問われなくなる。そして経済成長による環境・社会問題の解決という定式のもとで，市場と技術革新主導の開発政策が主流化していった（Gomez-Baggethun & Naredo 2015）。

　SDの市場ベース・アプローチは，当時開発政策を席巻していた新自由主義イデオロギーとも親和性をもつ。世界銀行はSDの名のもとで途上国の市場化を推進し，水道などの公共サービスの民営化や多国籍企業による資源独占を進めていった（ゴールドマン 2008）。SDは持続可能性をめぐる国際的議論を脱政治化し，消費社会に歯止めをかけるどころかそのグローバル化を助長し，地球環境破壊とグローバルな不平等を悪化させてきた。

　この趨勢に対抗して，脱成長運動は持続可能性をめぐる議論の「再政治化」を試みる（Asara et al. 2015）。SDの「弱い持続可能性」（経済成長優先主義）に対抗し，エコロジー危機の構造的要因である先進工業国の消費主義的生活様式を転換し，社会的にも生態学的にも持続可能な文明への長期的移行を促す新たな市民文化と公共政策の形成を目指している。

・

研究の国際化

　脱成長の学術的研究はポスト・ノーマル・サイエンスに属し，研究者の多くは社会運動に参加し，実践的な立場から理論研究を行っている（D'Alisa & Kallis 2014）。多様な研究が存在するが，どの研究においても①グローバルな環境正義，②自己決定と良き生活の実現，③経済成長信仰からの脱却の三つの原理が重視されている（Schmelzer et al. 2022：195）。

　フランス語圏の脱成長研究は，これまでラトゥーシュ（2010, 2013, 2020），アリーズ（Ariès 2008）など脱開発派の研究者を中心に理論構築が行われてきた。かれらの研究の基調にあるのはエコロジカル人間主義と反功利主義の思潮である。前者はイリイチ，ゴルツ，カストリアディスなどの社会思想に基づいており，消費社会のもたらす生活の商品化と文化的疎外から人間を解放し，環境と調和した自律社会を構想する。後者は研究者ネットワーク「社会科学における反功利主義運動（M.A.U.S.S.：Mouvement Anti-Utilitariste dans les Sciences Sociales)」を母体とする研究であり，非市場の社会性（贈与，互酬性）を通じた連帯社会を構想する。これらの思潮に基づくフランスの脱成長理論は，現代社会の認識論的次元の転換を重視している。décroissanceが意味するのは「想念の脱植民地化」（ラトゥーシュ 2020），つまり消費社会を支配する価値体系の脱経済学化である。

　英語圏の脱成長研究はエコロジー経済学の影響が強く，しばしば「経済活動における資源・エネルギー消費量のスケールダウン」と定義される。これは英語のdegrowthという語がバルセロナ自治大学のエコロジー経済学者たちによって紹介されたことが影響しているだろう（D'Alisa et al. 2014）。英語圏の研究のもうひとつの特徴は，脱成長を環境正義運動の潮流に位置づけ，グローバルな環境正義を実現させる公共政策を構想している点である（Kallis et al. 2012; Akbulut et al. 2019）。

　近年，脱成長研究は幅広い研究者の関心を集めており，①制度派，②充足経済派，③コモン／オルタナティブ経済派，④フェミニズム派，⑤ポスト資本主義など多様な理論潮流が交差する学際的研究ネットワークを形成している（Schmelzer et al. 2022）。

2　消費社会から抜け出す

価値体系を変える

　本節では代表的理論家ラトゥーシュの著作を中心に脱成長の基本的アイデア
を紹介する。近著『脱成長』（2020）で述べているように，消費社会のグローバ
ル化は20世紀の「開発」の時代に加速化したが，その核にある経済成長という
観念は啓蒙主義時代のヨーロッパに誕生した「際限なき進歩」の思想を起源と
する。進歩の思想は自然界や文化の制約を超えて世界の人工化と商品化を進め
る生産力至上主義を生み出し，資本主義経済の発展を後押しした。消費社会は
西洋資本主義の最新形態であるが，この経済体制は「自然の際限なき収奪」「際
限のない消費」「際限のない汚染」の三つの無制限の論理のうえに成り立ってい
る（ラトゥーシュ 2020：44）。

　脱成長の目的は，無限の経済成長を追い求めるために組織化された消費社会
の負の影響（気候変動，環境汚染，格差拡大，幸福度の低下 etc.）を是正すること
にある。ラトゥーシュは脱成長のこの側面を「限度の感覚を再発見する」プロ
ジェクトと定義するが，その意味するところはマイナス成長や緊縮財政ではな
い（ラトゥーシュ 2020：8-9）。むしろ脱成長が目指すのは，生活の質の向上や環
境正義の実現といった肯定的な内容である。そのために脱成長は，消費社会の
諸制度を動かすオペレーション・システムの転換を主張する。

　脱成長の社会変革プロジェクトの独創性は，消費社会を根底から支える価値
体系の転換を目指す点である。かつてアインシュタインは「問題を発生させた
思考で問題を解決することはできない」と述べたが，脱成長の立ち位置もまさ
に同じである。脱成長は，消費社会が引き起こした生存の危機を解決するため
には，経済成長という観念を中心に組み立てられている消費社会の価値体系と
決別しなければならないと主張する。経済成長にとらわれている思考を解きほ
ぐし，消費主義とは異なる論理で社会をデザインし直す集合的な想像力を刺激
することが重要である。ラトゥーシュが脱成長の目的を「想念の「脱植民地化」
を通じたもう一つの可能な世界の構築」（ラトゥーシュ 2020：9）と呼ぶのも，そ
のためである。

脱成長の好循環

　では，脱成長社会への移行シナリオはどのようにして描かれるのだろうか。ラトゥーシュは，既存の政治体制のなかで脱成長社会を実現することはできないと述べる。なんとなれば，過去に存在したあらゆる政治体制（自由主義，社会主義，共産主義，ファシズム，社会民主主義 etc.）は経済成長のために社会を組織化してきたからだ（ラトゥーシュ 2010 : 165）。したがって彼は，脱消費主義的な生活を志向する市民社会の多様な社会的実験やアイデアを積み上げることで，脱成長社会への移行を促す文化的土壌を育てる戦略を提案する。

　この視座は，近代社会の政治経済体制に回収されない多様な社会関係の再評価に努めてきたモース，クラストル，ポランニーの社会人類学，イリイチの自律社会論，バタイユの一般経済論の系譜と共振する。とくにラトゥーシュは，脱成長社会の母体となる具体的実践として，フランスで社会的連帯経済と呼ばれるオルタナティブ経済活動に期待している。協同組合，非営利組織，社会的企業，新世代の有機農家や職人，小商いなどで構成される社会的連帯経済は，新自由主義政策のもとで脆弱化した地域経済を立て直し，労働市場から排除された若者の雇用の受け皿となっている。これらローカル志向の経済活動をネットワーク化し，グローバル経済に依存しない自律的な地域社会を構築することが脱成長社会構築の第一歩となる（ラトゥーシュ 2020 : 116-120）。

　そのための羅針盤として提案されるのが，脱成長の好循環を生む八つの再生プログラム（8R）である（ラトゥーシュ 2010 : 170-185 ; 2020 : 61-62）。

① 　再評価（réévaluer）：社会をGDP以外の価値の物差しで再評価する。
② 　再概念化（reconceputaliser）：言葉の意味を再定義する（貧しさ，豊かさ，希少性，進歩 etc.）。
③ 　再構造化（restructurer）：生産・消費の規模と構造を転換する。
④ 　再分配（redistribuer）：世代内・世代間での資源や富の再分配を行う。
⑤ 　再ローカリゼーション（relocaliser）：経済活動と政治をローカル化する。
⑥ 　削減（réduire）：環境負荷を増大させる無駄な中間消費（長距離輸送，食品ロス，過剰包装 etc)，および様々な社会的負荷（不平等，長時間労働 etc)を削減する。

⑦　リサイクル（recyler）：エネルギー資源消費を減らす循環型経済をつくる。

⑧　再利用（réutiliser）：廃棄された製品・素材・技術を再利用する。

八つのRは，各地域の文脈に応じて多様な接合をみせながら，再ローカリゼーションへと収斂していく。「経済の社会への再埋め込み」（ラトゥーシュ 2020：111）と表現されるこの戦略は，経済的富よりも社会関係の豊かさを再評価することで，社会生活の脱商品化と豊かさの転換を促す。さらに生活の基本的ニーズ（食料，エネルギー etc.）を近隣で，なおかつ化石燃料に依存しない方法で生産・消費することで，環境負荷を大胆に削減する（たとえば，有機農業や再生可能エネルギーの導入 etc.）。8Rの好循環は，消費社会から穏やかに抜け出すための条件を身近な生活基盤である地域社会から整える。

・・
節度ある豊かな社会へ

ラトゥーシュは，脱成長が実現する新たな豊かさを「節度ある豊かさ」と呼ぶ（ラトゥーシュ 2020）。節度ある豊かさとは「限度の感覚」を再発見した豊かさであり，消費主義的な豊かさの対極に位置づけられる。この概念には，前節で述べた脱成長の三つの基本原理が凝縮されている。

①　グローバルな環境正義：節度ある豊かさは，富裕国が自らの消費主義を公共の熟議と政策によって「自己制御」することで実現される（ラトゥーシュ 2020：71, 111-112）。自己制御の実施は，国際社会や階級間での地球資源の公平な分配（分配的正義），南側諸国を搾取してきた歴史的債務の返還（修復的正義），将来世代の生存基盤の保障（予防的正義）という多元的な正義の条件となる。

②　自己決定と良き生活の実現：節度ある豊かさは，より多くの商品を生産・消費しなくてもよい社会をつくる。市場経済への依存が減り，生活の脱商品化が進み，非市場の社会関係のなかで人間の自律性が高まる。イリイチの自立共生からガンディーのスワラージ，アンデス先住民のブエン・ビビールに至るまで，良き生活は文化によって多様に描かれることを尊重する（ラトゥーシュ 2020：74-75, 83-85）。

③　経済成長信仰からの脱却：節度ある豊かさは，幸福を快楽に，快楽を所得に還元してきた功利主義的な幸福観との決別をもたらす。幸福の多次元

性を認識し，殻の成長を一定の水準で止めるカタツムリのように多次元的な均衡（バランス）を保つ知恵を学び直す（ラトゥーシュ 2020：58）。

3　現代的課題

...

公共政策のデザインへ

　初期の脱成長研究は長期的な文明移行の構想に取り組んでいた。実践的な指南も，地域の多様な文脈を尊重する立場を貫き，具体的な体制論を意図的に回避していた。しかし2008年の米国発金融危機の後，欧米諸国で導入された緊縮財政は不平等のさらなる拡大を招き，社会的危機と気候危機の二重の危機が加速化する。2010年代の脱成長研究は，中短期的な戦略として脱新自由主義社会への移行を実現する公共政策のデザインに焦点を当てるようになっている。

　脱成長の公共政策デザインにおいて重視されるのが，コモンズの再構築である。最初期の議論としては，イタリアの経済学者バルトリーニの『幸せのマニフェスト』（2018）がある。同書で彼は，欧米諸国の幸福度低下がコモンズの喪失，とくにコミュニティの社会関係資本の衰退に起因することに着目し，脱成長の名のもとで社会関係を豊かにする公共政策を提案している。その政策は学校教育改革，働き方改革，広告産業の規制，都市公共空間の再生，医療制度改革にまで及び，比較と競争の論理に支配される消費社会から協力と共感を重視する連帯社会へと移行する制度改革を構想している。

　近年注目されているのは，スペイン・バルセロナ自治大学のカリス，ダリサ，デマリアと米国の人類学者ポールソンの共著『なぜ，脱成長なのか』（2021）である。同書でかれらは脱成長社会の重要課題がコモンズの再生にあるとし，コミュニティ経済を発展させる「経済成長をともなわないグリーン・ニューディール政策」を提案する。ケア労働者（女性，移民が多い）へのベーシック・ケア・インカムの保障，公共サービス（水道，エネルギー，教育，医療，チャイルドケア）の再公営化，公共事業への再生可能エネルギーの導入，公営住宅の増加，労働時間削減策など。これらの公共政策を炭素税から得た「気候所得」で運用する可能性も提案している。かれらの提案はバルセロナ市をはじめとする世界各地の革新自治体の政策に学んでおり，環境正義・社会正義・ジェンダー正義

の同時実現を目指している。

…

探求すべき問題領域

脱成長の議論の変化には，研究の国際化の影響も大きく関係している。英語のdegrowthという言葉が普及するに従い，脱成長が扱う問題領域は多様化し，分野横断的な研究がいっそう進んだ。とくにフェミニズムからの批判（Moller 2017; Dengler & Seebacher 2019）はエコロジー経済学や環境正義に偏る傾向にあった脱成長研究にジェンダー正義の視点を導入することに貢献した。また，エコロジカル・マルクス主義の研究者（Koch 2019; 斎藤 2020）はマルクスのエコロジー思想を再発見し，脱成長研究にラディカルな資本主義批判を導入している。過去の脱成長研究では不十分だった国家の役割に関する研究（D'Alisa & Kallis 2020）も始まっている。

シュメルツァーら（Schmelzer et al. 2022）は，脱成長研究の課題として①消費社会における階級格差・人種差別の批判的分析，②帝国主義や軍事化など国際関係における地政学的次元の分析，③デジタル経済が社会生活や南北問題に与える影響の分析，④脱成長社会に移行するための公共政策を民主的に計画化する仕組みの考察の4点を挙げている。これらは現行の脱成長研究では不十分な点であり，資本主義の権力構造批判の深化に貢献するだろう。

以上の政策・制度に関する研究以外にも，忘れてはならない重要な問題領域がある。それは「想念の脱植民地化」である。ラトゥーシュの著作に顕著なように，脱成長の根底には西洋近代文明に対するラディカルな批判がある。脱成長は経済成長信仰にとらわれた現代人の想念を「脱西洋化」し，自然界との調和や限度の感覚について非西洋文化の知恵を学び直す可能性を開く。「脱成長プロジェクトは，人間の未来を複数の運命へと再び開く。生産力至上主義的な全体主義と経済帝国主義の重圧から解放されたら，人々は文化の多様性を再発見する」（ラトゥーシュ 2020 : 60）。「多元世界（pluriversalisme）」（ラトゥーシュ 2020 : 74）と呼ばれるこの視座は，英語圏の研究ではラテンアメリカや南アジアの脱植民地主義理論（decolonial theories）との対話のなかから発展している（Escobar 2015; Dengler & Seebacher 2019; Hickel 2020）。このアプローチは日本の経済学者・玉野井芳郎の地域主義や社会学者・鶴見和子の内発的発展論とも共振する（Na-

kano 2019; 中野 2021）。日本の脱成長思想は，多元世界をめぐる国際的議論に貢
献できる。いずれにせよ今後の脱成長研究は，制度論と文化論の建設的な対話
を通じて深化するだろう。

追記

　本稿執筆に当たって，日本学術振興会（JSPS）の科学研究費「惑星的な課題とローカ
ルな変革」（課題番号20H00047）の支援を受けた。

参考文献

—

カリス，G，S・ポールソン，G・ダリサ & F・デマリア　2021『なぜ，脱成長なのか』
　　上原裕美子・保科京子訳，NHK出版。

ゴールドマン，M　2008『緑の帝国――世界銀行とグリーン・ネオリベラリズム』山口
　　富子訳，京都大学学術出版会。

斎藤幸平　2020『人新世の「資本論」』集英社。

中野佳裕　2021「脱成長――多元世界に導くための方法序説」『日仏経済学会Bulletin』
　　33：63-73。

バルトリーニ，S　2018『幸せのマニフェスト』中野佳裕訳，コモンズ。

ラトゥーシュ，S　2010『経済成長なき社会発展は可能か？』中野佳裕訳，作品社。

ラトゥーシュ，S　2013『〈脱成長〉は，世界を変えられるか？』中野佳裕訳，作品社。

ラトゥーシュ，S　2020『脱成長』中野佳裕訳，白水社。

Akbulut, B., F. Demaria, J.-F. Gerber, & J. Martinez-Alier 2019. Who Promotes Sustain-
　　ability? Five Theses on the Relationships between the Degrowth and the Environmen-
　　tal Justice Movements. *Ecological Economics* 165 : 1-9.

Ariès, P. 2008. *La Décroissance : Un nouveau project politique*. Lyon : Golias.

Asara, V. et al. 2015. Socially Sustainable Degrowth as a Social-ecological Transformation :
　　Repoliticizing sustainability. *Sustainable Science* 10 : 375-384.

D'Alisa, G. & G. Kallis 2014. Post-normal Science. In G. D'Alisa et al. (eds.), *Degrowth : A
　　Vocabulary for a New Era*. London : Routledge, pp. 185-188.

D'Alisa, G. & G. Kallis 2020. Degrowth and the State. *Ecological Economics* 169 : 1-9.

D'Alisa, G., F. Demaria & G. Kallis eds. 2014. *Degrowth : A Vocabulary for a New Era*. Lon-
　　don : Routledge.

Dengler, C. & L. M. Seebacher 2019. What about the Global South? Towards a Feminist Decolonial Degrowth. *Ecological Economics* 157 : 246-252.

Escobar, A. 2015. Degrowth, Postdevelopment, and Transition : A Preliminary Conversation. *Sustainability Science* 10 : 451-462.

Gomez-Baggethun, E. & J. M. Naredo 2015. In Search of Lost Time : The Rise and Fall of Limits to Growth. *Sustainability Science* 10 : 385-395.

Hickel, J. 2020. *Less Is More*. London : Windmill.

Kallis, G., C. Kerchner & J. Martinez-Alier 2012. The Economics of Degrowth. *Ecological Economics* 84 : 172-180.

Koch, M. 2019. Growth and Degrowth in Marx's Critique of Political Economy. In E. Chertkovskaya et al. (eds.), *Towards a Political Economy of Degrowth*. London and New York : Rowan & Littlefield, pp. 69-82.

Latouche, S. 2003. Le développement n'est pas le remède à la mondialisation, c'est le problème! In La Ligne d'horizon (ed.), *Défaire le développement, Refaire le monde*. Paris : Parangon, pp. 15-18.

Moller, M. 2017. Ecofeminist Political Economy : A Green and Feminist Agenda. In S. MacGregor (ed.), *Routledge Handbook of Gender and Environment*. London : Routledge, pp. 86-100.

Nakano, Y. 2019. Postdevelopment in Japan : Revisiting Yoshirou Tamanoi's Theory of Regionalism. In E. Klein & C. E. Morreo (eds.), *Postdevelopment in Practice*. London : Routledge, pp. 37-51.

Schmelzer, M. et al. 2022. *The Future is Degrowth*. London : Verso.

UNEP 1981. *In Defence of the Earth*. Nairobi.

Case Study | ケーススタディ 4

脱成長の実践
欧州と日本の事例

　脱成長運動は節度ある豊かさの構築に向かう様々な社会的実験のネットワークで構成されており，運動の形態も多様である。以下では欧州と日本の事例を社会的実験のタイプに分けて紹介する。

欧州の事例

　脱成長の最初期の運動としては，フランスの中部都市リヨンで結成されたアソシアシオン「宣伝広告壊し屋（Casseurs de Pubs）」がある。この運動体は，社会変革のために市民自らが言論形成を行うというフランス革命以来の伝統に倣い，2004年に『脱成長』という隔月誌（のちに月刊誌）を刊行した。

　脱成長の理念に近い地域づくりとしては，イタリアのスローフード運動がある。1986年にピエモンテ州の農村ブラで結成されたこの運動体は，工業的フード・システムに対抗して世界各地の食文化の多様性と環境保全型の有機農業を維持推進する活動を行っている。また，2006年に英国で始まったトランジション・タウン運動は，パーマ・カルチャー，補完通貨，市民発電所，社会的企業などの多様なコミュニティ経済活動を組み合わせて脱石油依存のコミュニティをつくる実践であり，その活動は日本を含め世界中に広がっている。

　スペイン・カタルーニャ地方は脱成長運動が最も活発な地域のひとつだ。同地域には連帯経済と呼ばれる多様なコミュニティ経済活動が存在し，生活の自律自治の基盤をつくっている。これらコミュニティ経済は革新的な自治体政治の母体でもある。2015年6月から2023年6月までバルセロナ市長を務めたアダ・コラウは，市民プラットフォーム「バルセロナ・アン・コム」の代表である。市長在任中，彼女は新自由主義からの脱却を掲げ，女性の政治参加の推進，公営の再生可能エネルギー事業体の設立，マス・ツーリズムの規制，自転車専用路の拡張，市街地での自動車規制など，脱成長志向の公共政策を実行した。

日本の事例

　日本で「脱成長」という言葉を直接掲げる運動は少ないが，経済学者・玉野井芳郎の地域主義など先駆的な理論と実践の潮流は存在する。地域主義は1960年代の公害事件と中央集権的な開発体制への反省から，地域分権型のエコロジー社会を構想した。1990年代に熊本県水俣市で始まった「地元学」の取り組みもよい例だ。水俣市職員（当時）の吉本哲郎のイニシアチブで始まった地元学は，地元住民自身が水俣の環境史と生活誌を学び直すことで地域の魅力を再発見し，内発的な地域づくりへつなげていく試みである。公害事件で傷ついた地域の絆を結び直すことにも貢献した。

　山口県上関町祝島の地域づくりも興味深い。1982年以来島民は地元の原発建設計画に反対してきたが，21世紀に入り「原発のいらない島づくり」に取り組み始めた。自然と文化の豊かな島で生産される海産物・農産物の加工とオンライン販売は都市部の環境運動家のあいだで反響を呼び，島の生業を支えるアンテナショップや反原発運動の支援が全国的に広がった。島の高齢化率は70％超であり人口減少も続いているが，東日本大震災以降は都市部からの移住者も少しずつ増えている。廃校となった小学校も2021年に再開している。

　以上で挙げた事例は，開発で分断された地域の未来を内発的に描く実践である点において，脱成長文化運動のヴァリエーションであると言える。

Active Learning | アクティブラーニング 4

消費社会はわたしたちの心をどのように不安にさせるのか

映画『幸せの経済学』（H・ノーバーグ＝ホッジ，S・ゴーリック，J・ページ監督，2010）は，経済グローバル化の様々な問題を検証し，脱成長に通じるローカル経済運動を紹介している。映画の前半で議論されている「グローバリゼーションの八つの不都合な真実」の1〜2番目を視聴し，比較と競争を強いる消費社会が人間の心に与える影響を話し合おう。

消費社会は地球環境をどのように破壊するのか

映画『幸せの経済学』で紹介される「グローバリゼーションの八つの不都合な真実」の3〜5番目を視聴し，消費主義的生活が環境破壊と地球温暖化を加速化させるメカニズムを話し合おう。

ローカリゼーションは消費社会の負の影響をどのように克服するのか

映画『幸せの経済学』（2010）を視聴し，ローカリゼーションの様々な取り組みがQ.1とQ.2で議論した心の不安や環境破壊をどのように克服するのか話し合おう。

あなたが暮らす地域が脱成長社会に移行するには，どうすればよいか

脱成長の八つの再生プログラム（8R）を用いて，あなたの暮らす地域（自治体，コミュニティ，あるいは商店街でも可）が脱成長社会に移行するシナリオを作ってみよう。

第5章

貧困
グローバルかつローカルな視点から貧困を考える

———

原口　剛

　持続可能な開発目標（SDGs）の筆頭には，「あらゆる場所のあらゆる形態の貧困を終わらせる」ことが掲げられているが，「貧困を終わらせる」とはどのようなことなのか。しばしば見受けられるのは，国やコミュニティが発展していけば，おのずと貧困は解決されるかのような語り口である。けれども，それぞれが発展を競い合うだけなら，衰退や貧困を押しつけ合うことになりかねない。

　そのような事態を避けるために，様々な場所や地域を分断させていく不均等発展のメカニズムを問題視する必要があるだろう。何より，地理的に隔たった国や地域の貧困とわたしたちの日常との関係性を考えていくことが求められる。そのような認識にたって，まず，グローバルノースとグローバルサウスというそれぞれの世界の貧困を捉えてみよう。

　そうしたうえで，日常の場面へと目を戻し，貧困者の主体性をめぐる問いについて考えてみたい。「社会的弱者」という言葉が暗に意味するように，貧困支援の現場では，「してあげる者」と「してもらう者」との非対称的な権力関係が生まれがちである。「ホームレス」か「野宿者」か，「炊き出し」か「共同炊事」か，といった言葉の選択には，そうした関係性を変革していくための問いや理念が潜んでいることに，気づいてほしい。

KEYWORDS　#貧困　#ホームレス　#スケール　#不均等発展　#主体性

1 │「貧困をなくす」とはどういうことか

・

「ホームレス」を考える

　国連が定める持続可能な開発目標（SDGs : Sustainable Development Goals）の筆頭には、「あらゆる場所のあらゆる形態の貧困を終わらせる」ことが掲げられている。この目標は、具体的に何を意味するのだろうか。試みにあなたは、日本国内の「ホームレス」について取り上げたとする。厚生労働省の統計を調べてみると、初めて調査が行われた2003年には2万5296人を数えたホームレスの人数は、2010年には半減し、2022年には3448人にまで減少していると分かった。さらにあなたは、貧困が集中する地域について調べてみることにした。大阪の釜ヶ崎や東京の山谷といった街では、「まちづくり」が脚光を浴びている。そうして、野宿者の存在は見えにくくなり、明るくきれいな街並みへと変化しつつある。これらの統計や観察をもとに、あなたは、日本の「ホームレス問題」は解消に向かっていることに確信を抱くようになった――。

　と、このような筋書きは、貧困をテーマとする授業のレポートのなかで、よくみられる傾向である。一見するともっともらしく思われるだろうが、じつはそこには、いくつかの重大な錯誤や見落としがある。たとえば、「ホームレス」とは誰のことなのだろうか。日本政府は「ホームレス」を、都市公園など屋外の施設に起居する野宿生活者として定義している。だが海外の多くの国々では、この用語は、不安定な居住の状態にある人々を広く指し示し、たとえば家を失いネットカフェなどを転々とする人々も含まれる。野宿者という「目に見える」ホームレスの人数が減少するかたわらで、不可視のホームレスが増大している可能性も、十分に考えられるのだ。

　また、貧民街であった場所が「きれいになること」は、ほとんど暗黙のうちに、当該のコミュニティが改善されている証として理解されがちである。だが、かつて労働者街や貧困層の住まいであった場所の美化は、貧しい住民が住めなくなったことを意味するのかもしれない。特定のコミュニティでの「改善」は、貧困を別の場所へと「移転」させているに過ぎないかもしれないのだ。

スケールと不均等発展

「ホームレス問題」ひとつをとっても，「解決」に向かっているかどうかの判断は，数値や現象をどう捉えるかによって異なる。肝心なのは，ふさわしい概念や枠組みを用いて，問いを適切にたてることだ。たとえば，まちづくりやコミュニティの開発はどうだろうか。確かに，顔の見える範囲の「街」という枠組みは，目の前にある貧困に取り組むうえで重要だ。けれども，なぜ貧困が生み出されるのかを考えるうえで，必ずしも適切とは言えない。というのも貧困とは，「街」の範囲を超えた社会的諸関係の帰結として生み出されるものだからだ。

つまり，貧困を捉えるためには，ローカルな現象への目配りだけでなく，グローバルな現実を捉える視点をもつことが欠かせないのである。その視点を組み立てるために，スケールと不均等発展という二つの議論を解説したい。

スケール（scale）とは，「規模」や「尺度」など様々に翻訳されるが，ここでは，空間的な範囲を意味する「縮尺」と理解してほしい。縮尺を変えれば地図上に示される現実が変わるように，どのようなスケールで考えるかによって物事の捉え方は大きく異なる。地球上の現実は，図5-1のようなスケールの重なりとして示される。この図を踏まえれば，馴染みのある言葉やスローガンであっても，スケールを混同している場合が多いことに気づくだろう。たとえば「グローカル」という言葉は一種のスローガンとして知れ渡っているが，そこには，上位のスケールである「グローバル」と，下位のスケールである「身体」やコミュニティとを直結させてしまう危うさがある。

次に，このような議論のうえに，不均等発展論という視点を重ねてみよう。不均等発展論の要点は，①資本主義の経済は，発展地域と衰退地域といった地理的な差異を解消するのではなく，むしろ積極的につくりだすよう作用するのであり，②したがって，ある場所の発展とは，別の場所の衰退を必然的に伴う，ということである。さらには，③そのような不

図5-1　現実を構成する
空間のスケール

出所：Herod（2011）をもとに作成。

均等な発展は，都市／地域／国家／グローバルというそれぞれのスケールで，同時並行的に進行すること，が付け加わる。たとえば都市というスケールでは，近現代の都市の「発展」とは，富裕層に特化した高級住宅地と，低所得者層が寄せ集められる貧困地域という，対極的な場所をその内側に生み出してきた。これと同じ力が，国内のスケールにおいては，都市への資本・人口の集中と，周辺地域の過疎化を引き起こした。そしてグローバルなスケールでは，先進国と途上国とを分断し，「南北問題」を生み出したのである（スミス 2014）。

　もし「持続可能な発展」の名のもとに，それぞれの属するコミュニティや国々の発展を競い合うならば，貧困を生み出す構造的な背景を放置したまま，衰退や分断を押しつけ合う事態になりかねない。そのような事態を避けるために必要なことは，不均等発展のメカニズムそのものに向き合うことである。そして，遠い国や地域で起きている貧困が，わたしたちの身近な生活とどのように関係しているかを想像し，考えることだ。

2 │ 貧困のグローバル化

スラムの惑星 ── グローバルサウスの貧困

　世界の都市人口は，1950年の7億5000万人から2018年には42億人へと急増し，史上はじめて都市人口が農村人口を上回るようになった。急激な都市化は，とりわけアフリカ大陸や南米やアジアなどのグローバルサウスの国々で起こり，たとえばダッカやキンシャサやラゴスといった都市では，2000年代の人口が1950年に比しておよそ40倍にまで膨れ上がった。しかも，これらの新たな「メガシティ」（人口1000万人以上の都市）に住む大多数の人々は，極度の貧困にあえぐ状態にある。マイク・デイヴィスがいうように，過去数十年の急激な都市化の内実とは，スラムの地球的増大であった（デイヴィス 2010）。

　なぜ，都市スラムは急激に増加したのだろうか。その背景には，これらの国々で人々の生業が破壊され，都市へと出て行かざるをえなかった事情がある。デイヴィスによれば，そうした事態の引き金となったのが，1980年代以降にIMF（国際通貨基金）が実施した構造調整プログラムであった。IMFは，経済が行き詰まった国々に対し，融資の見返りとして，福祉や教育などの公的支出などを

徹底的に削減し，自国の市場をグローバル資本へと開くよう強制した。この措
置によって各国の公的機能はずたずたになったうえ，グローバル資本の狩り場
とされてしまったのである（ハーヴェイ 2005；サッセン 2017）。
　これらの都市では，高級住宅地や高層のビジネス街を，広大なスラムが取り
囲む景観が現われ出ている。そのような景観が示すのは，莫大な富を手にした
ごく少数の富裕層と，圧倒的多数の貧困層との分断である。これら二つの世界
は，地理的には近接していながら，厳重なゲートによって分離されている。こ
うして，壁や境界の構築により貧民の立ち入りを封鎖しようとするセキュリティ
の論理は，都市貧困のグローバル化とともに拡散されたのだった。

貧民の犯罪者化 ── グローバルノースの貧困

　グローバルノースの都市では伝統的に，都心近くのインナーシティと呼ばれ
る空間に安価な住宅が集積し，そこに貧しい労働者階級やマイノリティのコミュ
ニティが形成されてきた。だが，とりわけ1980年代以降，これらインナーシ
ティのコミュニティは，以下のような複合的な排除により解体されつつある。
　第一に，経済の脱工業化・サービス化のなかで伝統的な工場職が失われ，街
に住まう労働者の多くが失業に直面した。冒頭で触れたように日本の都市でも
1990年代以降に「ホームレス問題」が認知されるようになったが，その背景に
あったのもまた，港湾運送業や建設業に従事してきた労働者の失業であった。
　第二に，これらの伝統的な労働者街が力を奪われたところに，ジェントリフィ
ケーション（gentrification）が襲いかかった。ジェントリフィケーションとは，
インナーシティの労働者街が開発されるべき標的となり，「都市再生」の名のも
と変容させられる動向である。このなかでコミュニティはより裕福な人々向け
に塗り替えられ，もともとの住民は有形無形の力で立ち退かされてしまう。ま
た，ジェントリフィケーションは公共空間の私有化（privatization）を伴い，出
入り自由であった公園が商業化されたショッピングモールへと変えられるなど
して，貧困層が利用しうる空間を削っていく。
　第三に，貧困を社会の責任ではなく，個人の責任に帰する自己責任論が蔓延
するなかで，貧民を潜在的な犯罪者とみなす風潮が強まっていった。この風潮
を世界的に後押しした人物として，1990年代のニューヨーク市長のルドルフ・

ジュリアーニが挙げられる。ジュリアーニは，物乞い行為などを犯罪視するキャンペーンを繰り広げ，貧困層を取り締まるよう警察の権限を強化させた。その帰結として，過剰な職務質問の末に警官が貧民を殺害する事例が，いまなお相次いでいる。また，こうした取り締まりの強化と並行して，ますます収容人口を増大させる刑務所は私営化されていった。刑務所が産業となることで，収容者を絶やさないことは利潤を生み出すための目的となる。こうしてグローバルノースの都市は「刑罰国家」へと傾いていった（ヴァカン 2008）。

　ある場合には壁やセキュリティで貧民のアクセスを妨げ，別の場合にはかれらを監獄やシェルターへと収容していく。これら一連の傾向に共通するのは，貧困を減少させるのではなく，視えなくさせていく風潮であり，貧困層との関係を絶とうとする欲望である。

・・
日常生活のなかのグローバル

　これまで長いあいだ，グローバルノースとグローバルサウスという二つの世界の貧困は，それぞれ異なる語彙で捉えられてきた。たとえば「インフォーマリティ」とは，フォーマルな契約や権利を欠いた労働部門を指し，「第三世界」の都市に固有の語彙とみなされてきた。けれども，それぞれの世界の貧困を異なった語彙によって捉えることは，いまや現実的ではないし，むしろグローバルな認識を閉ざしてしまう。

　たとえば世界最大級のスラム人口を抱えるカンボジアのプノンペンは，H＆Mやユニクロの縫製工場で，たくさんの労働者が低賃金かつ過酷な環境で働いている。スマホの生産にはレアメタル（コバルト）が欠かせないが，その採掘現場はアフリカのコンゴであり，そこでは子どもを含めた労働者が酷使されている。要するにあなたは，日々の生活を送るなかですでに世界の貧困と関わっているのであり，あなたの身体はグローバルな労働を糧としているわけだ。

3｜日常的実践から考える——言葉と主体性
・・・
貧困者と主体性

このように貧困とはグローバルな視点を求めるものであるが，どのような土

地であれ，貧困をなくしていくための取り組みやたたかいは，ローカルな場所
からはじまるものである。最後にもう一度，日常の場面へと目を戻し，貧困者
の主体性をめぐる問いを考えてみよう。

　野宿者支援の現場でしばしば見受けられるのは，善意のボランティア活動の
参加者が，野宿を生きる当事者に支援を届け，感謝される場面である。それは，
文句なしにすばらしい場面であるようにみえる。だが，すこし違う角度から考
えてみてほしい。この場面では，支援者が「してあげる」立場となり，野宿の
当事者は「してもらう」立場となる。このとき，両者の関係性は決して対等で
はない。そこには「してあげる」立場の者が優位にたつような権力関係が存在
している。「してあげる」立場の支援者は気づかなくとも，「してもらう」当事
者は，受動的な存在とされていることを痛感させられるものだ。

　問いをもっと先に進めてみよう。なぜ，貧困に苦しむのはかれら・かの女ら
であって，あなたや私ではないのだろうか。そのような問いは，自分自身の立
場性を問い直しつつ，構造的不平等を考えるための，重要な窓口となりうる。
このように，野宿の現場を経験するとき，わたしたちは即効性のある「解決策」
よりも，すぐには答えの出ない「問い」を発見することのほうが多い。フィー
ルドへの関わりから知や学問を生み出すためには，まず，そのような「問い」
の場を「発見」する感性を磨く必要がある。

・・・

「ホームレス」か，野宿者か

　現在では，野宿者を「ホームレス」と呼ぶことは，当たり前であるかのよう
に受け止められ，当事者もまた自身のことを「ホームレス」と呼ぶことも多い。
だが支援団体のなかには「ホームレス」という呼称を避け，「野宿者」「野宿生
活者」のような言葉を選ぶ場合も多い。そこには，言葉と主体性をめぐる重大
な問いが潜んでいる。

　一般に語られる「ホームレス」のもともとの英語表記はhomeless peopleであ
り，正しく訳すならば「ホームレスの人々」となる。このことから分かるよう
に，「ホームレス」という言葉それ自体は，屋根がない状態を指し示すのであっ
て，主体を名指すのではない。さらに重要なのは，かれら・かの女らを名指す
この言葉が，「レス（less）」という欠如の意味合いを含んでいることである。

　よってこの言葉は，あたかも「あるべき状態を欠いた主体」であるかのように感受させてしまう。言い換えれば，「ホームレス」という言葉は当事者から主体性を奪ってしまいかねないのである。

　また，「ホームレス」という言葉が一般化した歴史的背景にも注意してほしい。現在「ホームレス」や「野宿者」と呼ばれる人々は，かつて「浮浪者」と呼ばれていた。戦前に「浮浪罪」という罪名があったことが示すように，「浮浪」という言葉には，貧民を治安の対象とするような差別的なまなざしが入り込んでいる。それが問題化したのは，1982年から83年にかけて起きた「横浜「浮浪者」襲撃殺人事件」だった。この事件において中学生を含む少年グループは，横浜市内の公園などに住まう野宿者を次々と襲撃し，うち一人の野宿者を死に至らしめた。この事件が衝撃的であったのは，その残虐さもさることながら，少年たちが野宿者に対する暴行や殺害を「正しいこと」であるかのように捉えていた事実である。すなわち，この事件において少年たちは，日本社会の奥深くに潜む野宿者への差別を「代行」していたのである。この事件を機に，野宿者に対する構造的差別が問題化されるようになった。そしてそのなかで，「浮浪者」という呼称がようやく問題視され，やがて「ホームレス」という，欧米の学術界に由来する言葉が導入された。

　けれども冒頭で述べたように，このカタカナ言葉は，野宿の当事者から主体性を奪うよう作用してしまう。また，呼称が変わったとしても，そもそもの問題である野宿者に対する差別はいまなお再生産され，野宿者に対する襲撃も跡を絶たない。このように，かれら・かの女らをどう呼ぶかは，わたしたちがどのような関係をつくっていくかに関わる重要な問いでありつづけている。

・・・

炊き出しと共同炊事

　1970年代以降，山谷や釜ヶ崎のような寄せ場地域では，仕事を失い野宿をしながら冬を越す労働者が支援者とともにテント村をつくり，医療や食事を提供・共有する越冬闘争が取り組まれ，以来そのような路上の支援活動は，様々な運動主体によって受け継がれた。とくに多くの労働者が一挙に失業し，都市全域で野宿生活が拡大した1990年代以降，その活動はますます重要なものになった。なかでも中心的な活動は，野宿者に食を届ける「炊き出し」の活動である。

　ところで，このような食の取り組みは，「炊き出し」と呼ばれることもあれ
ば，「共同炊事」と呼ばれることもある。そして，「炊き出し」ではなく「共同
炊事」と呼ぶ場合，そこにはある重要な理念が込められている。「炊き出し」の
場面では，食事を提供する支援者と，施される当事者とが，あきらかに分け隔
てられてしまう。もちろんそのような食の供給・提供は，生存の必要に応じる
意義をもつのだが，そこでは「してあげる」者と「してもらう」者との非対称
的な関係性が生まれてしまうのだ。これに対し「共同炊事」という言葉には，
野宿者と支援者とがともに料理をつくり，ともに食を囲むような，水平性の理
念が含まれている。その関係性のなかで，野宿者自身が声を上げる主体となり
うる可能性を開くことが目指されているのだ（持木・きんちゃん・向井 2016）。
　とはいえ，過酷な労働・生活を生きる野宿者と支援者とのあいだに水平的な
関係を構築することは，言うほどたやすいことではない。また，「労働による自
立」が絶対とされる社会において，失業状態にある野宿者自身が自らの生を否
定的に捉えていることも多い。その意味で「共同炊事」の水平性とは，到達さ
れた現実というより，たえず追い求められるような理念であると言える。

参考文献
‒

ヴァカン，L　2008『貧困という監獄──グローバル化と刑罰国家の到来』森千香子・
　　菊池恵介訳，新曜社。
サッセン，S　2017『グローバル資本主義と〈放逐〉の論理──不可視化されゆく人々
　　と空間』伊藤茂訳，明石書店。
スミス，N　2014『ジェントリフィケーションと報復都市──新たなる都市のフロンティ
　　ア』原口剛訳，ミネルヴァ書房。
デイヴィス，M　2010『スラムの惑星──都市貧困のグローバル化』酒井隆史・篠原雅
　　武・丸山里美訳，明石書店。
ハーヴェイ，D　2005『ニュー・インペリアリズム』本橋哲也訳，青木書店。
持木良太・きんちゃん・向井宏一郎　2016「炊き出し/共同炊事の思想」『寄せ場』28 :
　　75-130。
Herod, A. 2011. *Scale*. London and New York : Routledge.

ジェントリフィケーションを考える
排除・立ち退きの三つの形態

　本章で触れたように，世界の各都市では，低所得者やマイノリティの住み処であった都心のインナーシティが開発され，旧来の住民が住めなくなったり，追い出されたりする事態が相次いで報告されている。この世界的な現象は，「ジェントリフィケーション」と呼ばれる。ジェントリフィケーションは，当初は欧米の限られた諸都市で確認される現象だったが，やがて東アジアや南米などの諸都市でも広く現れ出るようになった。日本の都市も，その例外ではない。

　たとえば大阪のドヤ街・寄せ場として知られる釜ヶ崎では，地域の象徴であった日雇い労働市場・あいりん総合センターの移転・建て替えをめぐり，論争が起こっている。当センターの巨大な建物は，日雇い労働市場が縮小をつづけた1990年代以降も，労働者や野宿者が集う「大きな屋根」としての機能をもちつづけてきた。2019年3月，耐震性を根拠として大阪府はセンターを閉鎖しようとしたが，これに抗議するべく労働者や支援者が集い，閉鎖を阻止した。その1ヵ月後，警察官を動員した暴力的な排除によりセンターの閉鎖は強行され，本稿を執筆している現在もなお，センターの周りでは団結小屋を中心に野宿の支援がつづけられている。他方，新今宮駅を挟んだセンターの北側の空地は，大阪府により売りに出され，その地には星野リゾートのホテルが新たに建設された。現在は，進出したばかりの高級ホテルと，労働者街の象徴であるセンターとが，駅を挟んで相対立する光景が現われ出ている。

　このようなジェントリフィケーションの問題は，大阪・釜ヶ崎だけでなく，東京や京都など様々な都市で問われている。その問題が現われ出る過程や形態は多様であるが，問われているのは共通の問題であることを認識するためには，広い視点から排除のかたちを捉えることが必要だ。ジェントリフィケーションに伴う排除や立ち退きには，主として三つのパターンがある。ひとつには，①上述したように強制や暴力によって立ち退かせる，直接的な排除である。これ

はきわめて目に見えやすい排除だが，排除のかたちはそれだけではない。もう
ひとつ，②家賃や宿代，土地の値段が高くなっていって，じわじわと追い出さ
れるパターンが挙げられる。これは，ある程度の長い時間をかけて起こる，間
接的な排除である。間接的ではあるけれど，これこそ広くみられる現象で，最
も注意すべき排除のかたちだ。そればかりでなく，③街の雰囲気が変わり，ずっ
と住んでいた労働者や住民が居づらくなって追い出されるパターンもある。い
わば，「雰囲気による排除」と言えよう。

　とりわけ③の「雰囲気による排除」は，ジェントリフィケーションに固有の
文化的な問題が関わっている。ジェントリフィケーションは，ただ街を均質な
ものにさせたり，ユニークさを消し去ったりするものではない。むしろジェン
トリフィケーションは，「売り」になるような街のユニークさを必要とするし，
無理矢理にでもつくりだそうとする。だから，釜ヶ崎の「人情」や「下町らし
さ」は，「お客」や消費者を呼び込むための「売り」として残されるだろうし，
過剰に演出されることにもなる。

　もともとの「人情」や「下町らしさ」とは，その土地に住まう労働者や住民
が生きるなかで，長い時間をかけて生み出したものであり，いわば民衆が共同
でつくりだした共有物である。ジェントリフィケーションはそのうわずみをす
くいとり「売りになる人情」へと仕立てながら，そもそも「人情」を生み出し
た担い手を追い払ってしまう。よって肝心なのは，「生きられた人情」と「売り
になる人情」とを見分けるための，批判的な視点を培うことだろう。

Active Learning | アクティブラーニング 5

公園が民主的であるためには何が必要か，考えてみよう

公園のベンチが手すり付きに取り替えられるとき，ベンチに身を横たえることができなくなり，ひそかに野宿者は排除される。この事例を踏まえ，公園がすべての人に開かれるために何が必要で，何が妨げとなるか，考えてみよう。

「ホームレス」のイメージとジェンダー

まず「ホームレス」を頭のなかでイメージしてほしい。おそらくあなたがイメージした人物像は，女性ではなく，男性ではないだろうか。なぜわたしたちの眼には，女性のホームレスが見えないのか。関連する文献を読んで，考えてみよう。

新国立競技場を考える

2021年開催の東京オリンピックに向け建設された新国立競技場は，社会的公正に関わる様々な問題を引き起こした。この建物から，貧困や排除についてどのような問題を見出しうるか，ローカル／グローバルな視点から考えてみよう。

身の回りから考えるグローバル

あなたがきょう食べる夕飯の食材はどこからやって来たのか。纏っている衣服は誰が縫ったのか。産地表記やタグを手がかりとして，どこまでその経路を辿れるかを調べ，その先で営まれている労働や生活を想像してみよう。

第6章

生殖技術と身体
身体はどのように被っているか

中　真生

　生殖技術を語るとき，その技術はどのようなもので，その技術がもたらす恩恵とリスクはどのようなものか，それに関わる倫理的な問題は何かという，中立的な視点で論じられることが多い。しかし，当然のことではあるものの背景に退きがちなのは，その技術を自らの身体で被る当事者がいるということである。それは第一には女性（卵子提供者や代理母も含む）であるが，広くはパートナーや胎児も含まれる。本章では，生殖技術のうち，とくに出生前検査に焦点を当て，「脱身体的視点」（中立的な視点）と「身体化した視点」（当事者に沿った視点）の両方からその技術の意味を考えてみたい。出生前検査は，検査の結果，胎児に障害や病気があることが分かった場合，中絶するかどうかを考えることになる場合が多い。出生前検査を受けての中絶は「選択的中絶」と呼ばれるが，これについても，その倫理的側面が中立的に語られることが多く，中絶手術を受ける当事者の女性の経験や，中絶後にPTSDなどで苦しむ女性やカップルの経験については語られることが少ない。それを被る身体に重点を置いて考えたとき，選択的中絶についてどのようなことが見えてくるのだろうか。中立的な視点と対照させて考えてみたい。

KEYWORDS　#生殖　#生殖技術　#身体　#出生前検査　#選択的中絶

1 ｜ 生殖と身体の分離

生殖技術と脱身体化

　生殖，つまり子どもをもうけることに，身体は欠かせないと考えられる。ただ生殖は，ひとりの身体の，それ自身に閉じた営みではないことには注意が必要である。生殖は，自分や他人の身体とともに，別の身体をもつ人間を生み出す営みである点で，たとえば食べる，寝る，老化するなどとは区別される。人間はみな，生殖の結果この世に生まれるが，自分自身は生殖を行わなくても，自らの生を維持するうえで差し障りがない。つまり生殖は，自分の身体に不可欠な営みではない。ということは，生殖は，大部分が身体で行われる営みでありながら，（生み出す側の）身体から部分的に切り離す余地のある，その意味で特殊な身体的営みだと言える。この，生殖と身体の分離の余地に働きかけることで，人間は古来，生殖のままならなさをコントロールしようとしてきた。民間の知恵や産婆さんの力を借りた避妊や中絶，間引きなどによって。ただ，それらは生殖を抑える消極的な方向へのコントロールが主だったのに対し，現代の不妊治療を支える生殖技術は，生殖を自然に任せるよりも高確率に，しかも望ましい時期に引き起こそうとする積極的な方向へのコントロールが中心である。生殖技術は，この生殖と身体の分離の余地を利用し，それをできるだけ拡大しようとするものだと言える。

　具体的に見てみよう。まず，男女の身体による性行為の代わりに，人工授精を施す（人工授精とは男性の精子を取り出し，洗浄濃縮してから，器具で女性の子宮に注入することである）。また，精子だけでなく，卵子も身体から取り出し，シャーレに置いて受精を促す体外受精や，顕微鏡下で受精させる顕微授精が行われる。さらには，人工子宮の研究も一部で行われており，仮にそれが実用化されれば，女性の身体で妊娠出産をする必要がなくなる可能性も捨て切れない。

　これに加えて，生殖技術は，（カップルとは異なる）第三者の身体の力を借りることで，生殖の一部を代替することを可能にする。具体的には，卵子や精子ができなかったり，生殖能力が十分でなかったりする場合，第三者から卵子や精子，あるいは受精卵を提供してもらい，人工授精や体外受精を行うことが技

術的に可能になる。また子宮がなかったり，妊娠出産に身体が耐えられなかったりする女性に代わって，他の女性がそれを請け負う代理出産も可能にする。以上のように生殖技術は，生殖を身体から切り離す余地を広げていく方向を目指し，突き進んでいるように見える。

・

生殖技術を被る身体

　上で見たように，生殖技術の生殖への介入が，全体から見れば，生殖を脱身体化する方向に進んでいるのは確かだとしても，それでは，それによって生殖を行う個々人の身体の負担が多少なりとも軽くなっているのかと言えば，そうではない。むしろ逆である。生殖過程を身体から完全に切り離せているわけではない現段階では，投薬や手術というかたちで身体に強く働きかけ，とくに妊娠出産を担う女性の身体を通じて，生殖をコントロールしようとすることになる。このため，とくに女性の身体は，（生殖技術を利用する場合），技術の介入の影響をじかに被ることになる。その結果，介入以前にはなかった苦痛や不調までも被ることになり，生殖が身体にかける負担は大きくなっているのが現状である。このように，個々の身体でみれば，翻弄される度合いが高まっている点を軽視することはできない。

　具体的には，質のよい卵子をなるべく多く育てるために，排卵誘発剤の投薬や注射が行われるが，その副作用で腹痛やその他の不調が起こることも少なく，深刻な場合は稀に死亡する場合もある。また，そのようにして育った卵子を体外に取り出す採卵手術や，受精後に受精卵を子宮に戻す移植手術が女性の身体に大きな負担を与えるのは言うまでもない。さらに，受精卵が子宮に着床し，順調に育つよう子宮の環境を整えるため，ホルモン剤の投薬が行われるが，これにも副作用がつきまとう。また不妊治療を受けている女性は，流産の確率が自然妊娠よりも多いことが報告されている（ほかにも検査や注射の痛み，内診時の恥辱感や非人間的な扱い，「不妊」というレッテルを貼られ，妊娠出産した後もその傷が癒えないなど，様々な問題がある）。

　以上見たように，生殖技術の生殖過程への介入は，一方では，大局的に見たときの生殖の脱身体化の方向を促進し，他方では，個々人の身体が生殖に翻弄される度合いを高めるという，身体に関して逆方向の動きを同時に引き起こし

ていると言える。さらに加えて，個々人のなかでも，不妊治療を必要とする人とそうでない人がいる，言い換えれば生殖技術の介入をほとんど被らない人と大きく被る人がいるという個人差や，女性のみが妊娠出産しうる身体をもっていることから，生殖技術の介入によって増加する負担も，主に女性の身体によって担われるという，性による偏りがあることにも注意が必要である。

2│出生前検査

..

出生前検査とは

　本節では，とくに出生前検査に焦点を当てて考えいきたい。出生前検査とは，狭義には，妊娠中の胎児に特定の障害や病気があるかどうかを検査する技術である。広義には，体外受精をする過程で作られた複数の受精卵の遺伝子に，特定の障害や病気があるかを（ないものを選んで着床させる目的で）検査する着床前検査もそれに含まれる。本項では前者についてみる。

　狭義の出生前検査には，特定の障害等の有無が分かる確定的検査と，確率で障害等の可能性を示す非確定的検査とがある。確定的検査の代表的なものが羊水検査である。1970年代に広がり始めてから，日本での出生前検査はこの羊水検査が主だったが，妊婦のお腹に針を刺して子宮内の羊水を採取し検査するため，検査による流産の可能性が0.2〜0.3%ある。そのため，流産の危険がなく，妊婦の血液検査で行える（1990年代に導入され議論を巻き起こした）母体血清マーカー検査という非確定的検査を受けて，障害等の確率が高い場合に，羊水検査等の確定的検査を受けることが行われる。はじめから羊水検査を受ける人もいる。また超音波（エコー）検査も出生前検査に含まれる。一般の妊婦健診に含まれることの多い超音波検査を除けば，日本ではいずれかの出生前検査を受ける人は2〜3%ほどだったが，2013年に新しい技術が導入されたことがひとつの転換点となり，出生前検査は急速に広まろうとしている（佐々木ほか 2018）。

　この新しい検査，通称「新型出生前診断」，正確には，NIPT（無侵襲的出生前遺伝学的検査）は，2011年にアメリカで利用され始め，2013年に日本でも利用施設や対象者を限定し，臨床研究として導入された。この検査は，非確定的検査であるものの，精度がいままでの非確定的検査より格段に高く，とくに，これ

までの検査では陰性的中率に比べて低くとどまっていた陽性的中率が，一気に跳ね上がった。この検査は妊婦の血液検査のみで，母子への影響がほとんどないことに加え，これまでの検査よりも早い時期（妊娠10週）から受けることができるという利点がある。ただし陽性の場合は，偽陽性の可能性があるので，羊水検査などの確定的検査を受けて確定させる必要がある点に変わりはない。

　こうした出生前検査は，人工妊娠中絶と切り離せない関係にある。出生前検査の目的には，障害や病気の有無を出産前に把握し，出産時や出産後の医療措置の準備を行ったり，両親や親族が心の準備をしつつ必要な知識や情報を得たりすることなどもある。ただ，実際には陽性が確定した妊婦とパートナーのほとんどが中絶を選択していることから，実質的には，妊娠を継続するか中絶するかを決める判断材料として，出生前検査が利用されることが多い。

　そのため，血液検査のみで，母子への負担がなく，精度も高く，実施できる時期が早いという，利点の多い「新型出生前診断」の導入は，中絶数を急増させるのではないかと懸念された。このことは，「命の選別」が加速すると表現され，多くの賛否両論を巻き起こした。導入当初は，認定施設が限定され，対象者も高齢妊婦に限定されていたが，2022年には年齢制限がなくなり，認定施設も拡大されて，基幹施設と連携していると認められた一般のクリニックでも検査できるようになった。この背景には，無認定施設で，十分な説明もカウンセリングもなく実施する例が急増しているという問題がある。さらに，日本の認定施設では現在，ダウン症をはじめ三つの染色体数の異常の障害のみをNIPTの検査対象としているが，その項目が増やされようとしており（2022年現在），今後も拡大する可能性が高い。これらの傾向から，NIPTの検査数は増加していくと考えられる。

・・

選択的中絶と二つの視点

　前項でも述べたように，出生前検査は，人工妊娠中絶と切り離して考えることができない。ただ，検査を受けての中絶は，一般の中絶とは異なる側面がある。それは一般の中絶が，予期せぬ妊娠であったり，妊娠後に（パートナーとの別離や経済状態の悪化など）状況が大きく変わったりして，どんな子どもであっても子ども自体を望まない，あるいは子どもを生み育てることができないから

092

中絶するのに対し，検査を受けて中絶する場合は，もともと妊娠自体は望んだ
ものか，少なくとも受け入れられないものではなく，子どもを生み育てたい（あ
るいはそうしてもよい）と考えていたのに，陽性の検査結果が出たことを境に，
一転してその希望や期待を諦めることになる点が決定的に異なる。この急変を，
「天国から地獄に突き落とされたよう」だと表現する当事者もいる。

　このように，子どもは望んでいるが，病気や障害があると分かった場合に，
子どもを産むことを断念し，中絶することを，「選択的中絶（selective abortion）」
と呼ぶ。出生前検査の技術は，この選択的中絶という，それまでになかった中
絶の仕方とそれに伴う経験を新たに生み出したのだと言える。

　ここからは，本章トビラで注目した，身体に関する二つの視点から選択的中
絶を考えてみたい。ひとつは，俯瞰的にみたときの脱身体的視点，もうひとつ
は，当事者が身体的に被ることに焦点を当てる，身体化した視点である。

　前者は，たとえば医療者や生殖技術の研究者，あるいは第三者がとることの
多い視点であり，社会全体の福祉や経済効率などからみる見方でもある。研究
者や医療者のなかには，選択的中絶を，障害のある子どもの出生の「予防」の
策と表現する人々もいる。それは，出産に先立って障害や病気の事実を知り，
出産をやめることで，当の子どもの苦しみや苦労，両親や家族の苦労や負担を
事前に防ぐことができ，同時に国や社会のコストを減らすことにもなると考え
るからだろう。この立場では，あたかも不都合な妊娠をリセットし，妊娠し直
すことができるかのように考えられるのが特徴である。それは，一回限りのこ
の妊娠から視点を切り離して，離れたところからそれを，起こりうる複数の妊
娠のうちのひとつとして見る視点である。

　この視点は，当事者の経験に沿った視点とは対照的である。当事者にとって
は，仮に妊娠を中絶したとしても，それは妊娠をなかったことにすることでは
ない。妊娠した女性はまず中絶手術をその身に被らなければならない。また自
分たちが決めたこととはいえ，あるいはそうだからこそ，中絶後長いあいだ，
罪悪感や無力感を抱き続ける人々もいる。このように，当事者にとって選択的
中絶は，妊娠をリセットして元の状態に戻ることでは決してなく，妊娠し，中
絶した事実を，それ以降も（思い出さないようにするということも含めて）その身
に引き受け，被り続ける点は変わらない。出産して，障害や病気のある子ども

を育てるのとは別の仕方の被り方ではあるが。

　先に、「脱身体的視点」は、一般的に出生前検査や中絶の問題を論じる場合など、当事者以外の第三者がとることが多く、当事者は「身体化した視点」にたつと述べた。ただ、じつは当事者自身も、検査を受けるかどうか、中絶をするかどうかを考える際に、前者の脱身体的視点から、できるだけ「客観的に」も検討しようと努めたり、周囲にそう促されがちであったりすることには注意しておきたい。これらの二つの視点のうち、まずは前者から考えてみよう。

脱身体的視点からみた選択的中絶

　先にも見たように、選択的中絶は、妊娠自体は望んだものだが、子どもの状態（障害や病気の有無）が分かったことによって、中絶することを選ぶことである。このことは、脱身体的視点からみれば、ある「基準」（障害・病気の有無）を設け、それによって産む子と産まない子を選り分け、基準に適った場合だけ受け入れることだと言える（客観的にはこう表現しうるが、当の親たちには、自分たちの生さえ揺らぐほどの苦渋の選択であることは言うまでもない）。

　医療技術の倫理等を専門とする渡部はこのことを、医学の分類する「まなざし」が介入することによって、胎児を、生まれるかどうかを検討すべき胎児と、そうでない胎児とに振り分けているのだという。渡部によれば、「出生前検査は、（中略）胎児を「医学的に「異常」と定義される状態」かつ「検査可能な状態」を持つ胎児とそうでない胎児とに分類する。そしてこの分類は人工妊娠中絶を選択する規準となる」（渡部 2014 : 44）。

　つまり、医学の分類する「まなざし」に基づいた検査結果が、胎児を、とりわけ障害や病気という側面から見るよう、胎児の親たちにもそれ以外の人にも強く促すことになる。じっさいには胎児は、ほかにも様々な面をもっており、医学から見た障害等の有無はその一面に過ぎないし、親たちが胎児を感じ、見る仕方も様々であるはずなのに。いったん検査結果を突きつけられたら、中絶するにせよ、それを拒むにせよ、「これこれの障害や病気のある子」を生むか生まないか、という見方にとらわれ、そこから逃れ、距離をとることは容易ではない。このようにして、出生前検査の技術は、医学が人の生の始まりを支配する傾向を強めるのだと渡部は言う。

　次に，時間の側面からも，この脱身体的視点について考えてみたい。脱身体的視点とは，現実に何かを被り，経験している身体から距離をとって，俯瞰的に見ようとする視点であり，医学の「まなざし」がこれを後押しするのだと言えた。時間的にみれば，この視点は，じっさいに自分の身で経験する時間からも距離をとり，時間の制約を超えようとする「脱時間的」あるいは「超時間的」な視点でもあるようにみえる。どういうことだろうか。出生前検査はまず，これから生まれる子どもの状態を，出産に先立って妊娠中に知ることを目的とする。なぜなら，出産後にそれを知ったとしても，子どもが生まれなかったことにはできず，できるのはその子どもを自分で育てるか，施設に預けたり養子縁組をしたりすることで他人に託すかのどちらかであるが，妊娠中に障害や病気の有無を知ることができれば，子どもを産まないという選択肢が増えるからである。一部の医療者等が，選択的中絶を，障害や病気のある子どもの出生の「予防」と呼ぶのはこのような考えからであろう。

　このとき先取りして知ろうとしているのは，障害の有無など子どもの状態だけではない。その子どもが生まれた場合の当人や家族の経験を予想して，それを現在の親たちやその他の人が，前もって判断するためでもある。ここで行っているのは，障害のある子どもを産んだ場合の未来を先取りして，現在に取り込み，現在の枠組み（現在の親や周囲の考え方や感じ方，現在の医療や社会の状況等）で判断しようとすることである。子どもがじっさいに生まれれば親の気持ちに変化があるかもしれないし，子どもを育て一緒に過ごしていく過程で，親や周囲の価値観や考え方が変わっていくかもしれない。治療などの医療技術や支援の手厚さ，経済状況なども変わるかもしれない。仮に変化がなくとも，そもそも将来の経験を，現在において正確に先取りすることは不可能である。現在とは異なる未来の文脈のなかで，身をもって被るはずの経験を，その文脈からも，身体を伴った経験からも切り離し，現在の文脈のなかに引き込んで前もって判断しようとする危うさがそこにはある。未知であるはずの未来の経験を，現在の既知の文脈に落とし込むことで，未来を現在へ「同化」してしまっているとも言える。もちろん，未来の経験が，現在予測するよりもはるかに過酷である場合もあるだろう。それも含め，現在のわたしたちの認識を超えているものを，現在の価値観や知識，感情などで測り，先立って判断してしまう危うさ

は見過ごせない。確かに，すでに渦中に巻き込まれている当事者からすれば，危うくてもそうするほかないところに追い込まれていると言えるのだが。

　以上，先に挙げた二つの視点のうち，前者の脱身体的視点についてみてきたが，以下では節を改めて，後者の身体化した視点について考えていきたい。

3│当事者の身体化した視点

検査による妊娠経験の変容

　まずは，当事者である女性やカップルの経験がどのようなものであるかから考えたい。先にもみたように，一般の中絶が，子どもの状態にかかわらず，どんな子どもでもいまは産み育てられないと妊娠出産自体をはじめから受け入れられないのとは異なり，選択的中絶の場合は，妊娠自体は望んだものであり，出産を待ち望んでいた場合が大半である（予定はしていなかったものの，妊娠したのなら産みたい，産んでもよいという場合も含まれる）。ところが，陽性の検査結果が出たのを境に，中絶を決断したカップルにとっては，望んだ妊娠が望まない妊娠へと急転するのであった。言い換えれば，望んでいた子どもを，急に諦めなければならなくなるという落差の激しい経験をする。

　また，医療社会学等を専門とするロスマンは，そもそも出生前検査を受けること自体が，陽性か陰性かの検査結果にかかわらず，妊婦の妊娠経験を変えてしまったと指摘する。というのも，妊婦は検査結果を得るまで，中絶する可能性があるかぎり，望んでいた妊娠でも心から喜ぶことができず，胎児への愛情を感じないよう，抑制する傾向にあるからである。そのためロスマンは，この期間を，本の題名にもなっている「暫定的な妊娠（tentative pregnancy）」と呼ぶ。実際に多くの妊婦が，この期間には，意識的，無意識的に，胎児に対して情緒的な距離をとっていると話す。また検査を受けない多くの妊婦にとっては，胎動を感じる経験は，安心やくつろぎの感覚を与えてくれるが，それとは対照的に，検査を受けた妊婦の一定数は，通常なら胎動を感じる時期に胎動を感じず，感じた場合でも，そのことから何の安心の感情も得られなかったという。陰性の検査結果を受け取った直後に初めて胎動を感じたという妊婦もいる。このことからロスマンは，出生前検査を受けることは，通常ならば妊娠の早い時

期から妊婦が形成するはずの胎児との密接な関係をも中断してしまうと指摘する。つまり通常ならば，妊娠期間中の母子の心身の密着期間を経て，誕生後に徐々に母子の分離が始まるのだが，出生前検査という技術が妊娠過程に介入することで，妊婦は胎児に対して最初から，愛情を留保するという精神的な距離とともに，胎動に鈍感になるなど身体的にも「距離」をとることになりやすいということだろう。

このような出生前検査の介入は，妊婦が胎児との関係を育みつつ自らの身体でじかに受け取る安心を取り上げ，代わりに検査結果という権威的な報告によって，外から安心を与えるのだとロスマンはみる。出生前検査はその技術を提供すると同時に，妊娠にいくつかの障害や病気の恐れがありうるという考え＝不安をも提供しているのだと彼女は言う。それはまるで，香水の販売者が香水を売るために，「香りとともに，不快な匂いがわきの下から来るという考えを売っている」のに似ている。「解決策を売るに先立って，問題があるという意識を売る必要がある」（Rothman 1986：109）ということだ。しかも，巧妙にも，その技術が発見して「解消」しうる不安にのみ焦点化する。出生前検査の技術あるいはその提供者が焦点化し，煽った不安だけを，陰性の結果によって解消する。他の障害や病気の可能性は，あえて焦点化しないままにして。

・・・

中期中絶手術や中絶後の苦しみ

前項では妊娠経験に焦点を当てたが，本項では，その後の経験に目を向けたい。産婦人科医の室月は，出生前検査と選択的人工中絶は，十分な情報提供やカウンセリングの必要性とともに世界で広く認知され行われているが，「じつは欧米でも日本でも共通して見逃されている問題」があり，それは「妊娠中期における人工妊娠中絶のつらさ，悲惨さ，その非人間性」（室月 2013：273）であると指摘する。既述の新型出生前診断は，従来の検査よりも妊娠の早い時期に検査できる利点があるが，陽性結果が出た場合は，羊水検査などの確定検査を受ける必要があった。ところが，生命倫理学等を専門とする山本は次のように指摘する。「その結果が判明するのにおよそ2週間を要したとすると，最終的な検査がなされるのは，どんなに早くともすでに妊娠17週から20週の頃である。この時期はすでに妊娠の中期であり，胎児は，骨格がほぼ完成している。中絶

が決定された場合は，妊娠初期の中絶のように掻爬や吸引粉砕による処置はなされない。代わって，数日かけて人工的に子宮頸部を拡張させたうえで陣痛を誘発し，胎児を娩出させる方法がとられる。妊婦は，完全に覚醒した状態で陣痛周期に合わせていきむことを繰り返し，出産同様に中絶胎児を生み出さなければならない」（山本 2014 : 169-170）。また，12週以降の中期中絶の場合は，死産届を役所に出し，胎児を火葬して遺灰を受け取り，埋葬することになる。当事者にとっては，決断を揺るがしかねないほど重大なこの事実は，出生前検査の是非が活発に議論されるときもほとんど言及されることがない。当事者にとっては，選択的中絶を決断したらそれで終わりではなく，さらに過酷な経験が続くのである。出産専門のジャーナリストの河合も，次のように言う。「女性は子どもと別れるための陣痛に耐えなければならない。だから，その現場を実際に知っている産婦人科医たちの中で「安易な中絶」などというものが本当にあり得ると思っている人はおそらく誰もいないだろう」（河合 2015 : 87-88）。

　そして苦しみは，手術後もさらに長く続くことがある。選択的中絶の場合に限らないが，中絶をした女性やパートナーのうち，多くの人々がそのことで苦しみ，中には中絶後のPTSDに当たる「中絶後遺症候群」を患う人もいる。強い悲嘆や喪失感を抱いたり，自己評価が低下したり，ときには自殺念慮を抱くなどの症状がある。自分のことを「殺人を犯した人間だと思って生きてきた」（中島 2017 : 146）という人も少なくない。

　こうしてみると，検査を受けた後の中絶という選択肢は，当事者にとって，妊娠をリセットすることでも，障害や病気のある子どもの出産を「予防」することでもない。中絶を決定した後も，そのことを我が身に引き受け，苦しむ経験が続くのである。そうだとすると，陽性の検査結果を受けての選択は，「障害のある子どもを育てる苦労や負担」と「中絶をすることによる苦しみ」とのあいだの，どちらを選んでも苦しい選択肢のなかからの，身を削るような選択だと言える。「異常による中絶は，（当事者にとっては：引用者注）問題を取り除くことではない。むしろそれは（中略），どうするかの，困難で苦痛を伴う決定をする過程であり，決断の結果とともに生きるのを学ぶ過程である」（Statham 1994 : 159）。だから，出生前検査をめぐり悩み苦しむ女性らを支援するホールが言うように，「胎児の命を終わらせることはひとつの悲劇を避けるかもしれな

いが，両親がケアされないかぎり，それ自体が別の悲劇を作り出すことになりうる」（Hall 1994 : 180）のである。

…

二つの視点に引き裂かれる

　以上，二つの視点に沿ってみてきた。分かりやすく単純化するために，脱身体的視点は第三者がとり，身体化した視点は当事者がとると述べてきたが，詳細にみれば，じつは当事者は，この両方の視点をもち，両者のあいだを行ったり来たりしているのだと言える。

　妊娠したり，自分の子どもの生死に関わる決断をしなければいけないなど，心身ともに渦中に巻き込まれ，身体化した視点からそれを経験している当事者であっても，出生前検査を受けるかどうか，中絶するかどうかを考える際には，脱身体的視点で，なるべく事態から距離をとって，「客観的に」も検討しようと努めたり，周囲にそうするよう促されがちである。たとえば当事者が，自分たちがどうしたいかとは別に，兄弟になる他の子どもたちのことや自分たち親が死んだ後のこと，また経済状態などを考慮して，総合的，理性的に判断しなければならないと考える場合がそうである。一方で，胎児が元気にお腹を蹴っているのを感じるのに，またエコーで心臓が動いているのが見えるのに，自分の意思でその命を断ってしまうのは難しいと感じつつも，他方では，いっときの感情で決めてはいけない，これから何十年と，本人も家族も予想以上に苦労するかもしれない，そうなっても後戻りできないから，いま，冷静に比較検討しなくてはならない……などと考え，二つの視点のあいだを揺れ動き，引き裂かれる。

　そして当事者は，選択するときだけでなく，選択した後もなお，二つの視点に引き裂かれうる。中絶後に，自分たちでそれを選択したのだから，喪失の悲しみを抱くのはおかしいと感じたり，自分たちにその権利はないと考えたりして，悲しみや苦しみを表に出すことができない人たちがいる。また，「「あなたが，自分で決めたことでしょう」と言われるのが怖」くて「自分から「助けて」と言えない」（河合 2015 : 83）人たちもいる。あるいは中絶後も，亡くなった胎児とのつながりや親密感を保ち続けている女性も少なくない（日比野 2007）。

　このように当事者は，いくら努めて脱身体的視点をとったとしても，非当事

者とは違って，身体化した視点を完全に切り捨てることはできない。にもかかわらず，中立的な見方が優勢な社会では，このことが見過ごされやすい。したがって，まずは当事者が，二つの視点に切り裂かれるのは当然であると受け入れ，そこに矛盾やためらいを感じないですむようになる必要がある。そして第三者もまた，あるいは第三者こそ，脱身体的視点だけでなく，当事者の経験に沿った身体化した視点からも，生殖技術や出生前検査，選択的中絶をはじめ，あらゆる問題について考えようとする姿勢が必要とされるのではないか。分かりやすく一刀両断する代わりに，二つの視点に引き裂かれながら……。

参考文献

河合蘭　2015『出生前診断——出産ジャーナリストが見つめた現状と未来』朝日新聞出版。
佐々木愛子・左合治彦・吉橋博史ほか　2018「日本における出生前遺伝学的検査の動向1998-2016」『日本周産期・新生児医学会雑誌』54 (1): 101-107。
中島かおり　2017『漂流女子——にんしんSOS東京の相談現場から』朝日新聞出版。
日比野由利　2007「中絶の語りからみた女性の自己変容とケアの可能性」『母性衛生』48 (2): 231-238。
室月淳　2013「解説」S・スパラコ『誰も知らないわたしたちのこと』紀伊國屋書店，265-277頁。
山本由美子　2014「いわゆる「新型出生前診断検査」で語られないこと——妊娠中期中絶と「死産」の関係」立命館大学生存学研究センター編『生存学』7 : 166-176.
渡部麻衣子　2014「医学の「まなざし」・家族の「まなざし」——出生前検査の投げかける問い」玉井真理子・渡部麻衣子編『出生前診断とわたしたち』生活書院，42-95頁。
Hall, R. D. 1994. Parents' to Termination of Pregnancy for Fetal Abnormality : From a Father's Point of View. In L. Abramsky & J. Chapple (eds.), *Prenatal Diagnosis : The Human Side*. London : Springer, pp. 173-180.
Rothman, B. K. 1993 (1986). *The Tentative Pregnancy : Prenatal Diagnosis and the Future of Motherhood*. New York : Norton Paperback.
Statham, H. 1994. Parents' to Termination of Pregnancy for Fetal Abnormality : From a Mother's Point of View. In id., *Prenatal Diagnosis*, pp. 157-172.

Case Study | ケーススタディ 6

出生前検査／診断の様々な用いられ方

　一口に出生前検査／診断と言っても，その種類や性質はもちろんのこと，検査／診断の用いられ方も様々である。確かに本文で述べたように，日本では出生前診断で陽性が確定された妊婦の9割以上が中絶しているため，全体から見れば，障害や病気の有無を知って，中絶するかどうか決断するために出生前検査／診断を受けることが多いとは言えるが，胎児の命を救うために診断が用いられることも少なくない。日本で初めての胎児診断専門のクリニックを開いている夫氏は，自身の豊富な診断経験から，出生前診断は命を救うためのものと考え，さらに「出生前診断にしか救えない命」があるとも言う。

　たとえば，夫氏が近書『Baby Shower』で紹介する実例のなかに，双子が胎内でくっついてしまう「接着双胎」のある胎児とその両親の例がある。「接着双胎」と診断されると，多くの胎児がそれだけで中絶されているという。それは，「どのような接着程度であれば無事に出産できるか，生存が難しいか，正確な判断をできる医師が少ないから」だと夫氏は言う。実際，取り上げられたこの夫婦も，通院先でそう診断され，中絶の説明を受けたが，最後の望みをかけて出生前診断の専門である夫氏のクリニックを訪ねたのであった。夫氏の数回にわたる診断で，双子は接着の度合いが少なく，尿道や直腸などの重要な器官も胎児それぞれがもっていることが分かったため，出産を決め，出産後に切り離し手術を受けて，二人とも元気に育っているという。この例は，徹底的に出生前診断を行ったことで，中絶される可能性の高かった子を産むことができた例である。しかし裏を返せば，最初の通院先の診断のみで決めていたら，生まれなかった可能性の高い胎児でもある。

　また，現在では限られた病気にしか施せない胎児治療の幅も，近い将来大きく広がると期待されている。たとえばダウン症の脳の障害の改善を目指す，胎児への薬物治療などの研究も進められているという（河合 2015）。ほかにも，障

害や病気があると分かってから産むことを決断する人や，はじめからどのような結果であっても産むつもりで，心構えや環境を整えるために受ける人も少数だがいる。河合らによれば，障害のある子どもをもつ暮らしについて知りたいと思い，現実にやっていける見通しがもてれば産むことを考える女性も少なくないとのことだから，今後，当事者や家族の生の声を含む，正確で詳細な情報がいまより手に入りやすくなり，また障害児養育の支援がより充実すれば，産むことを前提に検査を受ける人も増えるかもしれない（河合 2015；Mikamo & Nakatsuka 2015）。

　逆に，障害等がないことを確認して「安心するため」と促されて検査を受けたり，安くて予約のとりやすい非認可施設で検査を受け，陽性結果が出てから動揺したりする人もいる。さらに，新型出生前診断などの非確定検査で陽性結果が出た段階で，確定診断を受けずに（その必要性を知らずに，あるいは妊娠初期のうちにと急いで）中絶してしまう人も少なくない。

　このようにみてくると，選択的中絶や出生前診断を一括りにして語ることはとても難しく，知りえた情報のみで，早急に「是非」あるいは「賛否」という枠組みで考えることには慎重になる必要があるのが分かる。

参考文献
—
河合蘭　2015『出生前診断——出産ジャーナリストが見つめた現状と未来』朝日書房。
夫律子　2022『Baby Shower——ちいさな命と向き合った出生前診断九つの物語』幻冬舎。
Mikamo, S. & M. Nakatsuka 2015. Knowledge and Attitudes toward Non-invasive Prenatal Testing among Pregnant Japanese Women. *Acta Medica Okayama* 69 (3): 155-163.

Active Learning | アクティブラーニング 6

Q.1

『誰も知らないわたしたちのこと』を読んでみよう

出生前診断で胎児に骨格の異常が見つかり，中絶を決断したイタリア人作家の実体験に基づいた小説。決断までの葛藤，胎児への思い，中期中絶手術の様子，中絶後の絶望などが濃やかに描かれている（S・スパラコ著，泉典子訳，紀伊國屋書店，2013）。

Q.2

出生前診断で陽性が出た後，産み育てる場合の情報について調べよう

障害や病気があると分かった胎児を産み育てようと決断したときに必要になる情報（国の手当て，自治体の支援，保育園，療育施設，家族の会など）について，何がどこにどれくらいあるのかを調べてみよう。

Q.3

不妊治療，中絶，出生前検査についてインターネットで調べてみよう

インターネットで検索すると，精子を授受する個人や企業の案内や，非認可施設が実施する出生前検査の宣伝などが多数見つかる。ほかにも不妊治療，出生前検査，中絶の経験者の体験や感情を語り合うサイトがある。

Q.4

当事者と第三者の視点にたつ二つのグループに分かれ，議論してみよう

一方のグループは主に当事者の視点にたち，もう一方は第三者の包括的な視点をとり，生殖医療，出生前検査，選択的中絶などを主題に自由に議論してみよう。その後，役割を交代してみよう。

第7章

生殖技術とルール
当事者をどう守るか

———

小門 穂

　生殖技術はいかに受容されているのか。本章では生殖技術のうち，生殖補助技術のルールについて検討する。1978年にイギリスで世界初の体外受精による出産が報じられてから40年以上が経過した今日，子どもをもとうとする本人たちだけで完結する生殖補助技術とともに，卵子提供や精子提供，代理出産といった第三者が関わる技術も広く普及している。利用者として従来想定されてきたのは男女のカップルだが，近年，利用を望む同性カップルやシングルの男女も増えており，各国のルールはそれぞれの社会の変化に合わせた修正を迫られ続けている。国ごとのルールの違いと利用者の拡大を背景に，生殖ツーリズムが展開され，生殖補助技術のグローバルな市場が形成されてきた。第三者の関わる生殖補助技術や生殖ツーリズムなどを中心にその利用の現状を踏まえた論点整理を行ったうえで，生殖補助技術の利用により生まれてくる子どもに注目して，生殖補助技術に対するルールを考える。子どもは，生殖補助技術の当事者でありながら，生殖補助技術の利用に関わる意思決定の時点では存在していないため意思を表明できない。子どもをいかに保護できるかという観点から，生殖補助技術のルールを再検討したい。

KEYWORDS　#生殖技術　#生殖ツーリズム　#出自を知る権利　#精子や卵子の提供　#凍結保存

1 │ 生殖技術とは

・

様々な生殖技術

　妊娠は，男性の側で精子が射出され女性の卵管に移動するとともに，女性の側で排卵が起こり卵管内に卵子が取り込まれ，卵管膨大部で精子と卵子が結合し受精卵ができ，受精卵が卵管内で分割を繰り返しながら子宮へと移動し子宮内膜に着床するという一連のプロセスを経て成立する（可世木ほか 2013）。これらのプロセスを妨害することで妊娠を回避でき，またどこかがうまくいかないと妊娠に至らない。生殖技術には，生殖に関わる様々な医療技術，すなわち，妊娠を回避するために用いられる避妊や中絶に関連する技術，受精卵や胎児の染色体や遺伝子などを調べる着床前診断や出生前診断，妊娠出産に至るために用いられる不妊治療や生殖補助技術が含まれる（柘植 2006）。本章では，生殖技術のうち生殖補助技術に注目する。

・

生殖補助技術

　不妊の状態に対する治療全般を不妊治療といい，そのなかで卵子や受精卵の操作を伴う体外受精などの治療的介入を生殖補助技術と呼ぶ。医療の場では，生殖可能な年齢にある男女が妊娠を望んで避妊せずに性交しているが1年間にわたって妊娠しない状態を「不妊症」と呼ぶ（日本産科婦人科学会 2018）。従来は，一般的に女性に原因があると言われることが多かったが，男性の側にも性機能障害，造精機能障害，加齢などの要因が，また女性の側にも内分泌因子，卵管因子，子宮因子，加齢などの要因がありうることが分かっている。また，どちらにも特定の原因が見出されないが妊娠しない場合がある（可世木ほか 2012）。

　これらの治療の方法について簡単に述べる。超音波機器で卵巣を観察し排卵の時期に合わせて性交を試みるタイミング法や排卵誘発剤の使用などが奏功しない場合に，人工授精，体外受精などが行われる（可世木ほか 2012）。体外受精や後述する顕微授精が生殖補助技術である。体外受精・胚移植（IVF-ET）とは，卵巣刺激法により複数の卵胞の発育を促し，排卵直前の成熟卵子を膣から穿刺して採卵する。そして卵子と精子を混ぜ受精が起こるのを待ち，受精卵を子宮

に移植するという一連の方法である。1978年，イギリスで，世界初の体外受精児が生まれた。人工授精や体外受精の技術は，生殖と性交を切り離す技術であり，第三者から精子や卵子の提供を受けることや，代理出産をもたらした。

　生殖補助技術に関する最近の動向として，その風景を大きく変えたという顕微授精と，精子や卵子，受精卵の凍結についてみておきたい（石原2016）。顕微授精とは，体外受精と同様に採卵し，細いガラスのピペットに吸い込んだ精子を顕微鏡下で卵子細胞質内に直接注入し受精卵を作成する方法である。1992年にベルギーで初めてこの方法による出生が報告された。精液内に精子が見つけられない場合は，手術により精巣から成熟精子を採取する方法と顕微授精を組み合わせることも可能である。顕微授精の登場により，様々な男性不妊の存在が認識され，また男性不妊の治療技術の発展は男性不妊の見方を変えた。こうした男性不妊当事者を対象とする研究では，当事者は，治療技術の発展により男性不妊を治療可能な医療の問題として捉えるようになったが，いぜんとして「不妊は女性の問題」だとみており，治療を受けるのは妻のためであると認識していることが明らかにされた（竹家2021）。

　受精卵凍結は，身体の状態を整えたうえで融解移植でき，また一度に移植する受精卵を減らすことで多胎妊娠も予防できるため，広く普及している。最近注目されるのは，加齢などにより卵巣機能が低下する前に卵子を凍結するという，卵子の社会的凍結保存である。生殖細胞に影響を与える可能性のある抗がん剤治療などの前に，精子や精巣組織，卵子や卵巣組織を凍結保存すること，つまり医学的目的での凍結保存はすでに行われてきた。この技術が，医学的な理由のないケースに応用されるようになり，社会的凍結または社会的適応による卵子凍結と呼ばれている。女性の選択肢を増やす可能性はあるが，後に必ず妊娠できるわけではない。凍結保存による長期的な影響は不明であることや，凍結保存の普及により保存しないことを選択しづらくなり妊娠出産の自己決定が脅かされることが懸念される（久具2021）。

・

生殖補助技術への歯止め

　生殖補助技術の実施には何らかの歯止めが必要だろうか。

　生まれてくる子の親子関係の早期確定や提供者の保護など，生殖補助技術の

利用には様々な目的で規制が設けられていることが多い。生命倫理学をその創成期から牽引してきた哲学者キャンベルが指摘するのは，生殖補助技術は，当事者を「(1)子どもを求めるカップルあるいは個人，(2)子どもを作るための精子や卵子の提供者，(3)子どもの産みの母，という三つの立場」に分割するということである（キャンベル 2016：108）。ここで想定される当事者に加えて，重要な当事者として，その生殖補助技術により生まれてくる人が存在する。とくに，(2)のような第三者からの提供や，(3)のような代理出産を伴う生殖補助技術を用いた場合，現在の法律の定めに当てはまらない親子関係が生じることになり，その影響を最も強く受けるのは，その生殖補助技術で生まれてきた人である。生殖補助技術を規制する目的のひとつは子どもの保護であり，2003年の厚生労働省の部会報告書では，生まれてくる子の福祉の観点から提供を受けられるのは法律上の夫婦に限定すると述べた（厚生労働省厚生科学審議会生殖補助医療部会 2003）。このような利用者を制限する規定は，その社会のどのような人が親となるべきかという考えを反映しているといえる。

　1994年のフランス生命倫理法は先端医療分野の規制であり，人体の尊重が人権のひとつであるとし，人体は財産権の対象とはならないことや，人体要素の提供に関する同意原則，無償原則，匿名の原則を定めた。これらは生殖補助技術にも適用される。生殖補助技術に関して，子の身分の安定化のために，提供者とは親子関係が構築されず（民法典342-9条），提供を受けることに同意した人はのちに血縁がないことを理由に親子関係を否定できない（民法典342-10条）。子の家族内での地位を安定させ，自然の生殖による子と異なる扱いを受けないようにするための規定である（橳島 1995）。

　フランスの生命倫理法に限定したことではなく，生殖補助技術における子どもの保護全般を考える際に，第三者の関与がある場合には，子がその事実と提供者について知ることができる，という点も重要な論点である。このことについては，出自を知る権利の項で検討する。

2│普及に伴う課題の整理

..

第三者の関与

　生殖補助技術により生殖と性交は切り離され，また，凍結技術は精子や卵子，受精卵を保存し，時間が経過してから用いることを可能にした。生殖補助技術を介して，第三者から精子や卵子，受精卵の提供を受けることや，逆に第三者の女性に妊娠出産してもらうことが実現されるようになった。生殖補助技術の登場は，精子や卵子，そして妊娠する身体を他者が利用する医療資源，さらには売買の対象としてみなされることを可能にする。すなわち，生殖に関わる身体の資源化と商業化を容認するのかという問いを突きつける（鈴木 2020）。

　フェルベークは超音波で胎児の検査を行うという技術が，妊娠の経験や，まだ生まれていない命の解釈を変容させると論じた（フェルベーク 2015：49）。技術による解釈の変容という観点からみると，精子や卵子の提供を受けるという行為は，精子や卵子の解釈を変えたといえるだろう。パートナーというかけがえのない存在に由来する精子や卵子は第三者の精子や卵子と交換可能なものとはみなされないが，提供を受ける場合には，ある第三者が提供する配偶子と別の提供者の提供する配偶子は交換可能なものとなりうるだろう。配偶子や，提供者の特徴で選択できるものへと変貌する可能性があるということだ。

　さらに生まれてくる人の立場からも考える必要がある。第三者の関与する生殖補助技術によって生まれた人と提供者とは生物学的なつながりをもつ。自分の出生に第三者が配偶子を提供するというかたちで関わっていたことを知りたい，提供者はどのような人なのか知りたい，という当事者の運動は，生殖補助技術が，子を望む人と医療者，提供者の合意で進められてきたが，そこに生まれてくる人は不在であったことを照らし出した（柘植 2012：60-62）。

..

利用者の拡大と生殖ツーリズム

　生殖年齢にある人の8％から12％，世界で約1億8600万人が何らかの不妊の問題を抱えていると推測されており（Inhorn et al. 2015），日本では2015年の調査で初婚同士の夫婦の5.5組に1組が不妊の検査や治療を受けたことがあると回答し

た（国立社会保障・人口問題研究所 2017）。生殖補助技術は，不妊原因のある男女のカップルだけではなく，同性カップルやシングルの人が子をもつ手段ともなっていて，その利用者は拡大している。

　利用者の拡大とともに広がっているのが生殖ツーリズムである。なぜ，生殖補助技術を受けに外国へ行くのだろうか。その理由として，居住国の法的規制と，生殖補助技術へのアクセスのしづらさが挙げられる（Pennings et al. 2008）。前者については，生殖補助技術に関する規制が国ごとに異なり，居住国では代理出産などある種の生殖補助技術が禁止されている場合がある。また，受けられる人の制限があり，たとえば男女のカップルだけが受けられると規定されていて同性カップルや独身の人は受けられない，ということがある。後者については，生殖補助技術が医療保険の対象とならずに患者の自己負担額が高額である場合や，提供を受けられても長い待機期間があるような場合，設備や技術が十分に安全ではないという場合もある。こういった様々な理由で，希望する生殖補助技術を求めて，国境を越えることが選択されるのである。

　2008年から2009年に，ヨーロッパの六つの国（ベルギー，チェコ，デンマーク，スロヴェニア，スペイン，スイス）で外国からの患者を受け入れている医療機関を対象とする調査が行われた。49の国から生殖補助技術を受けに来る患者たちは，居住国から近い国を選んで生殖補助技術を受けに来ること，居住国の法的規制を理由として外国で生殖補助技術を受けるケースが多いことが示された（Shenfield et al. 2010）。

　生殖ツーリズムの課題として，患者の居住国の制度や，受入国の医療への影響が挙げられる（Pennings et al. 2008）。患者が居住国で受けにくい生殖補助技術を外国で受けることは既存の法律の変革につながる可能性があるが，居住国の政府が生殖ツーリズムを安全弁として利用し，国内法の改正に取り組まないこともありうる。受入国の医療への影響については，自国民への医療の提供に使われるべき資源が不足することが懸念される。さらに，代理出産や卵子提供では，その国の最も脆弱な女性の搾取につながるリスクが指摘される。フランスでは，国内での卵子提供の待機期間が長く，希望者はスペインやチェコへ行くことがあり，国内で容認していない有償の卵子提供を外国で受けることを黙認するのは非倫理的な方法の輸出だという批判がある（Aballea et al. 2011）。

　これらに加えて，生まれる人にとっての不利益を検討する必要がある。たとえば，居住国では禁じられている生殖補助技術を外国で受け子をもった場合，居住国で親子関係が登録できなくなる可能性がある。フランスでは代理出産を禁止しており，フランス人が外国で代理出産を依頼し，依頼者を親とする出生証書を得ても，帰国後に生まれた子と依頼者の法的親子関係を確立できないという状況が生じていた（小門 2017）。

3│子どもの保護
...
生殖補助技術のルール

　生殖補助技術についての議論は，技術の発展だけではなく，家族観や人権意識など社会的・文化的な変化によっても変わってきた（柘植 2006 : 38-39）。

　生殖補助技術は，規制や利用の状況次第でその社会の既存の価値を強化する作用も揺るがす作用ももち（柘植 2012 : 97），男女のカップルであれば子をもつべきであるという従来の家族規範を強化する方向に用いられることもあれば，家族の多様化を推し進めるような方向で用いられることもある。フランスでは，子どもの利益という観点から，1994年に規制が定められた際には，安定した関係にある男女のカップルのみが生殖補助技術を受けられるとされた。すなわち，結婚しているか2年以上の同居を証明できる男女のカップルだけに限定されていたのだが，家族のあり方の変容を反映して，2011年の法改正の際に，結婚や同居という要件は削除され，2021年の法改正によって男女のカップルに加えて，女性カップルとシングル女性にも拡大された（小門 2015 ; 2021）。その社会で，子どもをもつことが一般的である，あるいは「自然である」とみなされる組み合わせのカップルのもとに生まれることが子どもの利益であると考えられたということである。

　子どもの利益を保障するために，どのようなルールがありうるだろうか。松田は，子と血縁があることや出産すること，子の誕生と因果関係をもつことは，子の養育の権利や責任の発生に十分ではなく，養育するという行為に関連する知識と能力，判断力，気質をもち，養育の意思をもち，子の権利保障の観点から養育する人が養育者として適格であり，養子縁組制度における養親のような

資格制度を，子の養育を望むすべての人に拡大すべきと論じた（松田 2021）。生殖補助技術の場合には養子縁組の場合ほど厳格な資格は設けられていない。たとえばフランスでは，生殖補助技術の利用者は実施前に医療チームとの面談を受けなければならず，ここでは情報提供を受けるとともに動機の確認や提供を受ける場合は提供について子に伝える必要があることなどが伝えられる（公衆衛生法典L. 2141-10条）。

・・・

出自を知る権利

　出自を知る権利とは，第三者からの提供を伴う生殖補助技術で生まれた人が，第三者から提供を受けて自分が生まれてきたという出生の経緯と，提供者の情報の両方を知る権利を意味する。

　出自を知る権利について論じる必要があるのは，この権利が長らく保障されてこなかったからである。提供を伴う生殖補助技術のうちで，最も長く実施されている精子提供では，提供者は匿名であった。匿名という制度は提供者が父とみなされないように人間的な側面を消す，すなわち精子の「非人間化」であると南は論じた（南 2010：81-82）。

　提供精子で生まれた人の言葉からも，匿名化により提供者の人間的な側面が見えなくなることが指摘される。提供者について知りたい理由として，石塚は「提供者の情報として，それは身長や体重，職業などの部分的な情報では不十分だと思います。そこの「人」という存在が確かにあったということを私は確かめたい。（中略）何よりも自分の出生に，精子というモノではなく，人が関わって自分が生まれているということを確認したいという強い気持ちがあります」と語る（石塚 2014：23）。

　出自を知る権利を容認すると，提供する人が減る，と懸念されることもあるが，生まれてくる人にとって重要な情報を隠したままで継続せねばならないことなのだろうか。むしろ，生まれてくる人や提供者やその家族にとって，情報開示できる人こそがよい提供者であると考えるべきではないか（仙波 2019）。第三者の提供を伴う生殖補助技術により生まれた人にとって，生物学的なルーツである提供者の情報はその人生の重要な一部であることを認識した制度設計が必要である。

...
子どもをいかに保護できるのか ── まとめにかえて

　拡大し続ける生殖補助技術の利用において，この技術によって生まれてくる
人は当事者でありながら，技術の利用について検討する時点では存在しておら
ず，技術を用いることに同意したわけではない。いわば巻き込まれて生まれく
る。このようにして生まれてくる人をいかに保護できるのだろうか。このこと
を考えるために，すでに生まれている人たちの声をよく聞くことが必要である。
当事者が求めている出自を知る権利を保障することはそのひとつである。

───────────────

参考文献
─

石塚幸子　2014(2017)「生まれた人たちの声を聞いてほしい」非配偶者間人工授精で生
　　まれた人の自助グループ・長沖暁子編『AIDで生まれるということ──精子提供で
　　生まれた子どもたちの声』萬書房，11-34頁。
石原理　2016『生殖医療の衝撃』講談社。
可世木久幸監修，高橋茂樹編　2013『STEP産婦人科2産科』第2版，海馬書房。
可世木久幸・佐藤隆宣監修，高橋茂樹編　2012『STEP産婦人科1婦人科』第2版，海馬
　　書房。
キャンベル，A＝V　2016『生命倫理学とはなにか──入門から最先端へ』山本圭一郎・
　　中澤英輔・瀧本禎之・赤林朗訳，勁草書房。
久具宏司　2021『近未来の〈子づくり〉を考える』春秋社。
厚生労働省厚生科学審議会生殖補助医療部会　2003『精子・卵子・胚の提供等による生
　　殖補助医療制度の整備に関する報告書』。
小門穂　2015『フランスの生命倫理法──生殖医療の用いられ方』ナカニシヤ出版。
小門穂　2017「生殖医療に対する法規制と生殖ツーリズム──フランスの最近の動向」
　　『年報医事法学』32：43-48。
小門穂　2021「フランス生命倫理法改正と「母親」の変容」『年報医事法学』36：10-15。
国立社会保障・人口問題研究所　2017『2015年社会保障・人口問題基本調査　現代日本
　　の結婚と出産』。
鈴木慎太郎　2020「生殖医療技術と身体の資源化・商品化──身体をめぐる所有と交換
　　と法秩序に関する一考察」『法の理論』38：79-102。
仙波由加里　2019「どのような人が理想の配偶子ドナーとなりうるか──ニュージーラ

ンドと英国のドナーたちの経験から」『生命倫理』29 (1): 69-76。

竹家一美　2021『日本の男性不妊——当事者夫婦の語りから』晃洋書房。

柘植あづみ　2006「生殖技術に対する生命倫理の課題の再考」『生命倫理』16 (1): 35-41。

柘植あづみ　2012『生殖技術』みすず書房。

日本産科婦人科学会　2018「不妊症」https://www.jsog.or.jp/modules/diseases/index.php?-content_id=15 (2022年9月27日閲覧)。

橳島次郎　1995「フランスの生殖技術規制政策」三菱化成生命科学研究所編『Studies 生命・人間・社会 2 先進諸国における生殖技術への対応——ヨーロッパとアメリカ、日本の比較研究』118-151頁。

フェルベーク，P＝P　2015『技術の道徳化——事物の道徳性を理解し設計する』鈴木俊洋訳，法政大学出版局。

松田和樹　2021「誰が養育者となるべきか——親子法の再編に向けて」『法と哲学』7: 173-212。

南貴子　2010『人工授精におけるドナーの匿名性廃止と家族——オーストラリア・ビクトリア州の事例を中心に』風間書房。

Aballea, P. et al. 2011. *État des lieux et perspectives du don Rapport de l'Inspection générale des affaires sociales RM2011-024P.* https://www.vie-publique.fr/sites/default/files/rapport/pdf/114000113.pdf (2022年12月9日閲覧)

Inhorn, M. C. et al. 2015. Infertility around the Globe : New Thinking on Gender, Reproductive Technologies and Global Movements in the 21st Century. *Human Reproduction Update* 21 (4): 411-426.

Pennings, G. et al. 2008. ESHRE Task Force on Ethics and Law 15 : Cross-border Reproductive Care. *Human Reproduction* 23 (10): 2182-2184.

Shenfield, F. et al. 2010. Cross Border Reproductive Care in Six European Countries. *Human Reproduction* 25 (6): 1361-1368.

Case Study │ ケーススタディ 7

出自を知る権利
フランスの動向から考える

　第三者からの提供を伴う生殖補助技術で生まれてきた人の，出自を知る権利を保障するためには，どのような制度が必要だろうか。あるいは，匿名の提供者が，生まれた人から後に情報開示を求められた場合，どうすればよいのだろうか。提供者本人は情報開示してもよいと考えているが，家族が反対する場合もあるかもしれない。そのようなとき，提供者とその家族が相談できるような場所はあるのだろうか。友人が提供してくれたが，その後，その友人と連絡がとれなくなる場合もあるかもしれない。そのとき，この提供で生まれた人は，提供者の情報を得られるのだろうか。

　フランスの状況から考えてみよう。1994年に生命倫理法の枠内で生殖補助技術が管理されることとなったが，精子提供はそれ以前から産婦人科において実施されていた。1973年に提供精子を取り扱う機関として，CECOS（精子研究保存センター，現在は同じ略称だが精子卵子研究保存センターという）が設立された。CECOSは全国に約20ヵ所設置され，精子提供はCECOS内規によって管理されることになった。提供は無償，匿名で行われ，提供者は実子がいて妻も提供に同意している既婚男性のみ，医療機関は提供者の情報の保管を行う，とされた。1994年の生命倫理法により，CECOSは提供配偶子取り扱い機関として認可され，提供者の要件についてはCECOS内規を踏襲し，医療機関は最低40年間提供者の情報を保管することになった。提供者の要件は徐々に緩和され，2004年の法改正で既婚要件が削除され，2011年の法改正の際に生殖経験がなくても提供できることになった。出自を知る権利については，2021年の生命倫理法改正ではじめて容認された。それまでは，提供者は匿名であり，医師だけが提供者の匿名の医療情報にアクセスできるとされていた。

　2021年の生命倫理法改正によって，第三者からの提供を伴う生殖補助技術で生まれた人は，成人後に，本人の希望により，提供者の身元（出生時の氏名，性

別，出生日，出生地）と提供者を特定できない情報（提供時の年齢，健康状態，身体的特徴，提供の動機等）のどちらかまたは両方を取得できることになった。提供者は，のちの情報開示に同意しなければならず，同意しない人は提供できない。提供者の情報は生物医学機構が保管し，第三者ドナーの身元・非特定情報へのアクセス委員会が，生まれた人からの申請を受け付ける。新体制開始前の提供で生まれた人については，提供者の情報取得を希望する場合，アクセス委員会が提供者を探し，見つかった場合に，提供者本人が同意すれば，情報を取得できることになった。

　1973年までの提供では，提供者の情報の保管状態が不明であったり，そもそもクリニックが閉業している可能性があったりという場合が多い。1973年から1994年のあいだは，CECOS内規により医療機関が提供者の情報を保管している可能性は高い。1994年から2022年までのあいだは，医療機関には40年間の提供者情報の保管義務が課されている。このように時期によって情報取得の可能性は大きく異なる。フランスではこの点も重視され，匿名の提供により生まれた人の情報取得も視野に入れた制度設計がなされた。提供者が匿名であった時期に生まれてきた人もとりこぼさないような仕組みはいかに可能だろうか。

参考文献

小門穂　2022「生殖補助医療の公的管理と子の出自を知る権利1 フランスの動向」二宮周平編『LGBTQの家族形成支援——生殖補助医療・養子＆里親による』信山社，96-106頁。

Active Learning ｜ アクティブラーニング 7

Q.1

提供者からはどうみえるのか。映画『人生ブラボー!』を観て考えよう

若い頃に匿名で精子を提供した男性が，生まれた人たちから情報開示を求められ，提供という行為の意味を捉え直す（ケン・スコット監督，2011）。

Q.2

提供で生まれた人が知りたいのは何か

当事者の手記を読み，なぜ提供者について知りたいのか考えよう（非配偶者間人工授精で生まれた人の自助グループ・長沖暁子編『AIDで生まれるということ——精子提供で生まれた子どもたちの声』萬書房，2014）。

Q.3

なぜ匿名で実施されてきたのだろうか。日本の制度を調べてみよう

世界的には提供で生まれた人の出自を知る権利を保障する制度が構築される傾向にあるが，日本ではまだ法的に容認されていない。日本の精子提供に関わる制度や議論を調べて，匿名で実施されている理由を考えてみよう。

Q.4

自分の意見をまとめて，グループで話し合ってみよう

提供を伴う生殖補助技術に関して，子の出自を知る権利を保障するとともに，提供者を保護するにはどうすればよいのだろうか。日本や外国の動向を調べて考えてみよう。

第8章

予防医療
わたしたちが目指す「健康」とはどのようなものか

安倍里美

　近年，遺伝的特徴をもとに，個人が発症する可能性の高い病気を特定し，発症以前にその個人に対して医学的介入を行う，先制医療という考え方が注目を集めている。そのような介入については医学的妥当性や倫理的正当性を慎重に評価する必要があるが，本章では，むしろ，先制医療を支える理念に焦点を当てる。先制医療は（少なくともその一部は），病気の予防を目的とする介入であると同時に「発症の不安のない身体」あるいは「リスクから解放された理想の身体」をもたらそうとする実践である。このような実践の登場は，人々のあいだで共有される健康理解の変容を加速させうる。病気への不安が，単に病気のない状態としての「健康」理解から，理想的なあるいは完全な身体の状態としての「健康」理解への移行を後押しするのである。

　そのように健康理解が変化すれば，連動して，医療に期待される役割もまた変化していく。だからこそ，ここでいま一度，医療や健康というものをいかなるものとして理解するべきなのかという問題を，慎重に検討する必要があるだろう。読者には，健康や医療という一見慣れ親しんだ概念について，改めて考えてもらいたい。

KEYWORDS　#医療　#健康　#未病　#病気　#エンハンスメント　#先制医療

1 │ リスクと「健康」

·

個人のライフスタイルの修正と予防医学

　がん，心臓病，脳卒中，糖尿病といった慢性非感染性疾患は，食事，睡眠，運動，喫煙をはじめとする生活習慣，ストレス，免疫力の低下，遺伝子の変異，年齢，性別といった複数の要因が複合的に作用して引き起こされる。これらの因子の多くは，生活習慣と関係しているので，日頃から自分や周囲の人のライフスタイルを気にかけ，発症のリスクを下げることが重要である……。

　生命倫理学や医療社会学などに関心がある人でなくとも，以上のような内容の文章や発言に一度は触れたことがあるのではないだろうか。「疾病のリスクを意識し，健康的なオプションを選択するべきだ」という（暗黙の）メッセージは，わたしたちが日常的に接する様々な情報媒体で発信されている。たとえば，いわゆる健康番組と呼ばれる，認知度の低い病気・障がいの症状や自宅でできる簡単なエクササイズを紹介したり，視聴者から寄せられた健康上の悩みに専門家が回答したりするテレビ番組などが典型的だ。それに対して，なんとなく息苦しいと感じている人もいるだろう。とはいえ，現代ではおそらく多くの人が，これといった身体の不調もないときから疾患のリスクを意識するようになっているし，日常的に，リスクがより少ないという意味で「健康的」なライフスタイルのイメージとの比較において，自分自身の生活を評価している。

　本章では，近年登場した，先制医療という疾病予防を目的とした新たな医療戦略に注目して論を進めていく。しかし，この予防的介入もまた疾患リスクの管理である以上，個人によるライフスタイルの修正と地続きのものとして理解できるということを強調しておきたい。

·

リスクのイメージ

　後ほど詳述するように先制医療は，将来的に関連する疾患を発症するリスクが比較的高い状態にある人を「未病」とラベリングし，リスクを徹底的に取り除くオプションを提示する。治療する病気のない身体を「未だ発症していないだけ」の状態とみなすことで，医学的介入の対象とするこのパラダイムにおい

て，リスクを抱えた状態は，実質的に，健康ではないという扱いになる。このようなリスクの取り扱いには，リスクそのものを，発症の確率を高める因子のひとつというよりは，むしろ，何らかの病原体のようなものとして，すなわち病気を引き起こす決定的な要因であるかのように捉える視点が含まれているということも指摘されている（村岡 2014；美馬 2012：54-64）。

　すでに医学的検査を通して致命的な疾病のリスクを抱えていると指摘され，いま現在，リスクを現実的な不安として経験している人でなければ，ここまで切り詰めた「健康」の捉え方は縁遠いものに感じられるかもしれない。しかしながら，健康診断書の中性脂肪の数値を見て，脂質や糖質を控えた食事をするようにしたり，通勤時に一駅前で降りてその分歩いたりし始める人も，自分の身体がリスクを抱えたものであると認識して，健康的な状態への軌道修正をしようとしているとみることもできる。そのような人もまた，現在治療する病気がないとしてもリスクを抱えているかぎりは自分は健康ではないとして，未病のラベルを自ら引き受けていると言えるだろう。

　確かに，リスクは確率の問題に過ぎない。だが，実際にリスクを抱えている人にとって重要性をもつのは，「自分の身に何が起こっているのか」という問題である。そして，この観点からリスクを捉える枠組みは，医療のあり方によって大きく左右される。この社会における医療のあり方が，リスクに照準を合わせた予防重視のものに移行するなら，医療において追求される「健康」もまた，治療対象の病気や障がいがない状態から，リスクから自由な状態へと移行していくことになるだろう。医療人類学者の磯野真穂は，クリニックでのフィールドワークを通し，予防を目的とした医学的介入において，医師が駆使するレトリックが「患者の想像力にわけ入ることによって，医学的に「正しい」リスクの実感を作り上げる」（磯野 2022：69）様子を克明に描き出している。未病のラベルもまた，医学が提示するリスクの捉え方のひとつである。

2 ｜ 先制医療のパラダイム

..

先制医療とは何か

　冒頭で生活習慣病の病因について述べたが，多くの疾病は単一の原因によっ

て引き起こされるのではなく，多数の要因の複合的作用の結果として発生することが明らかになっている。労働環境，経済状況，社会的地位，教育や医療サービスへのアクセスしやすさといった社会的な要因，喫煙，運動，飲酒，睡眠といったライフスタイルに関わる要因，発達や加齢やそれに伴う身体の変化などの生物学的な要因などが挙げられるが，先制医療（preemptive medicine）は，なかでも遺伝的要因によってハイリスク群に振り分けられる人々を対象とする予防医療である（井村 2012 : 14）。

　個人の遺伝的特徴が疾病の要因となるのは，フェニルケトン尿症やハンチントン病のような特定の変異遺伝子をもつことのみによって引き起こされる単一遺伝子病だけではない。高血圧，糖尿病，虚血性心疾患といった「ありふれた疾患（common disease）」の発症についても，疾患感受性遺伝子と呼ばれる遺伝子が発症の確率を高めることが分かっている（岸 2018 : 80-81）。先制医療は，個人の遺伝的特徴からハイリスク群を選別し，自覚症状や他覚症状がない時点，あるいは病気の診断が下される前の時点で医学的な介入をし，発症を未然に防ごうとするものである（井村 2012 : 14-15）。なお，ゲノム情報やエピゲノム，プロテオーム，メタボローム，分子イメージングといったものが，この発症前診断に用いるバイオマーカー情報として想定されている。対象となる疾患の代表例としては，アルツハイマー症，2型糖尿病，骨粗鬆症，乳がんといったものが挙げられているが，技術的な限界や導入コストといったものを考慮しなければ，遺伝要因と環境要因の相互作用で発症する慢性疾患はいずれも先制医療の対象となりうる。

・・
先制医療におけるリスクの捉え方

　先制医療の提唱者の一人である，医学者の井村裕夫は，「従来の予防医学は，「個の医学」ではなく，集団を対象とした統計的観察に基礎を置いたものであった。したがって，多くの人に，危険因子を避けて疾患を予防しようとする動機づけをすることは容易ではない」（井村 2012 : 14）として，ライフスタイルに介入していくような予防の限界を指摘し，個人の遺伝素因というリスクに対処することに特化した「個の医学」である先制医療の有用性を強調している。

　この言葉には，遺伝要因をもとに診断を下すほうが，リスクに対する医学的

に適切な程度の危機感を未病者にもたせやすいという考えを読み取ることができる。遺伝要因は確率的に働くものであるから，発症が一部の人にとどまるのはその他のリスクと同じである。それでも，個人の遺伝的感受性に焦点を絞ることで「自分の身体のうちにリスクがある」というイメージを未病者にもたせることはより容易になるだろう。このリスクを「叩く」のが先制医療であるなら，この医療戦略には，やはり前節で触れたリスクを病原体のように捉える見方が内包されていると言えるだろう。

先制医療を医療行為として正当化するものは何か

　先制医療において，介入の対象となるのは疾病を発症する前の個人の身体である。それはつまり，治癒すべき疾患が存在していないにもかかわらず，患者の身体を侵襲するということである。そのような介入は正当な医療行為と言えるのだろうか。

　医療行為というものを理解するうえで重要になるのは，程度の大小はあれ，それが患者の身体に負担をかけ，害を及ぼしうるものだということである。疾患の治療の場合にそれが許容されるのは，現に患者が経験している不調や苦痛を取り除いたり，放置していればこれから経験することになる不調や苦痛を取り除いたり，症状の悪化により生命が失われることを防いだりするために，直ちに必要とされる施術だからである。ところが，予防医療については，これが成り立たない。

　一般に，何か悪い結果を引き起こす行いであっても，その結果が，より深刻な悪を防ぐことの副産物である場合には正当化されやすい。反対に，そのような事情がなければ，害を与える行いを正当化することには困難がつきまとう。実際，医療の文脈では，移植のための生体からの臓器・組織の摘出は，ドナー側には介入により改善される見込みのある身体の不調が存在しないため，問題含みな施術であるとみなされている。また，二重瞼術や隆鼻術などの純粋に美容目的でなされる美容外科的処置についても，通常，生命維持や健康の維持・回復に必要であるという意味での医学的適応性がないと考えられている。臓器の摘出とは違い，審美目的の外科的処置については，より満足のいく容姿を実現する，あるいは身体をより最善に近い状態に近づけるものであるから，外科

的介入を受ける本人にとってよい結果をもたらすことができるとは言える。

　しかしながら，このことが患者の身体に害をもたらす処置を正当化する力をもつかどうかはそれほど明らかではない。他者に害を与えるような行いは，そうすることで何か他の（より大きな）害を防ぐことができるということによって正当化しうるが，何か積極的によいことが達成できるということでも同様に正当化できるとは限らない。このような危害についてのわたしたちの常識的見解は，医療倫理の文脈に限らずともそれなりの説得性を有している。

　いずれにしても，患者が同意すれば「被害者の同意」が成立したことになるため，治療目的ではない侵襲性の高い医学的介入も正当化される（当然，インフォームドコンセントの条件はより厳しいものとなる）とみることはできる（萩原 2012；山本 2013）。臓器摘出も美容外科の領域でなされる様々な処置も，問題含みであるとはいえ（「「臓器の移植に関する法律」の運用に関する指針〔ガイドライン〕」においても，「生体からの臓器移植は，健常な提供者に侵襲を及ぼすことから，やむを得ない場合に例外として実施されるものであること」〔厚生労働省 2012：9〕とされている），いまや社会で広く受け入れられている。予防的な介入についても，同様の理屈で考えて問題ないだろうか。

・・
先制医療に健康上の利益はあるのか

　先制医療で提案される予防的介入にも，乳がんリスク低減乳房切除術やリスク低減卵管卵巣切除術のような外科的介入が含まれる。BRCA1あるいはBRCA2遺伝子変異をもつ人は，変異をもたない人と比較して乳がんと卵巣がんを発症するリスクが高いことが知られており，これらの介入はあらかじめ（生命維持には重大な影響を与えない）関連する臓器を切除することで発症を防ごうとするものである。こういった予防的切除はきわめて侵襲性が高いが，予防効果があると言えるならば，美容外科的手術とアナロジカルに捉えて差し支えないようにも思われる。

　しかしながら，まさに，異常のない臓器の切除によって達成しうるのは，あくまでリスクの除去でしかないということが，このような理解に反対する根拠にもなりうる。未病者は単に発病のリスクが高いだけであるから，それぞれの個人についてはそもそも予防的切除などしなくても生涯発病しないということ

がありえる。したがって，切除をした人が発症しなかったとしても，それが予防的な介入のおかげであったかどうかを個別のケースで判別することはできない。つまり，予防的切除は患者の身体に無意味にメスを入れるものになりかねないのである。このことは，審美的な観点での利益をもたらすといったことが介入の理由となる美容外科手術との大きな相違になりうる。医学哲学者の村岡潔は，おそらくこのことを踏まえて，次のように述べている。

> 「先制医療」では未病者とラベルされてはいるが，実質，健康体に介入するのであるから，通常医療のようにメリット（治癒）とデメリット（副作用・副反応）をはかりにかけて，デメリットよりもメリットが大きいから適用できるといった甘い判断は正当化できまい。「先制医療」ではデメリットは皆無に近い（あっても短期間で消失し，後遺症とならない軽症の）ことが要請されなくてはならない。〔中略〕この生命倫理（医療倫理）的規範を「予防医学における無危害原則」と呼ぶことにする。　　　　　　　　（村岡 2016：48-49，〔　〕は引用者注）

　予防的介入が実質的に，病気のない身体に大きなダメージを与えるだけのものになってしまう可能性を排除することはできない。だからこそ，患者の身体にかかる負担が皆無に近いものでなければ許容されない，と考えることは筋が通っているようにみえる。とはいえ，「予防医学における無危害原則」をそのまま受け入れた場合は，予防的切除のような侵襲性の高い介入は一様に許容されないということになりうる（これは「短期間で消失し，後遺症とならない軽症」が具体的にどの程度のものを指すのかに依存するが，注射後の軽い腫れや数週間で消失する介入箇所の違和感ぐらいでなければ許容されないという強い解釈も可能である）。
　現実的にとられているのは，患者の同意がもつ倫理的正当化の力を重くとることで，侵襲性の高い予防的介入を認めるという路線であろうが，そもそも予防的切除のような処置に対する同意は有効なものにはなりえないと考えることもできる。本章で，先制医療の倫理的正当性に関してここからさらに議論を進めることはしないが，村岡による指摘を，第1節で取り上げた「健康」の捉え方に関する問題に接続することで，今後の検討の土台となるものを提供できるかもしれない。

3 | 健康とは何か

...

リスクの排除を健康上の利益とみなす医療

　臓器の予防的切除は，それをしなくても疾病を発症しない場合には無意味な医学的介入となると述べたが，このような介入を「無意味」とみなすとき，わたしたちはすでに「リスクを抱えた状態から解放されること」を健康上の利益にカウントしないという選択をしている。しかしながら，すでに述べたように，リスクを我が身に起こっていることとして捉えるとき，不安を抱えた自分の身体を「健康」だと思い続けることは，それほど簡単なことではない。ハイリスク者にとって，リスクから自由になること，あるいは発症の不安から解放された身体を実現できるオプションは非常に魅力的なものとなるだろう。

　リスクを抱えた状態を未病と呼んで健康な状態から区別し，医学的介入の対象とする先制医療が提示しているのは，リスクを排除する選択肢である。リスクを取り除くことで「健康」を実現しようとする医療構想においては，予防的に介入した身体が実のところそれがなくても発症せずに済む身体であったからといって，介入が「無意味」になるとは限らない。少なくとも，予防的切除などの介入が発症リスクを低減するとエビデンスに基づいて言える場合には，健康上の利益をもたらしていると考える余地は残されている。「健康」をいかなるものとして捉えるかによって，予防的な医学的介入の評価も変わるのである。

　WHOは1948年に健康を「単に，病気でない，虚弱でないというのみならず，身体的，精神的，そして社会的に完全に良好な状態」（WHO 2020）と定義した。健康を完全な状態と捉えると，当然，医学が介入するべき範囲が拡大することになる。正常に機能している身体が完全であるとは限らないということは，純粋に審美目的の医療が存在することからも明らかだろう（ただし，美を実現したいという欲求だけがその理想追求へと人々を動機づけるわけではないということに注意しておく必要があるだろう。「美しくなければならない」というプレッシャーを一部の人に対して与え続ける社会のあり方は見直されて然るべきだ〔cf. 佐藤 2021〕）。先制医療のベクトルもまた，完全に良好な状態としての健康に向けられている。リスクを抱えている（だけの）身体までもが医学的介入の対象となっているの

は，そのためだということもできるだろう。

　先制医療という実践の構造を，次のように表現してもいいかもしれない。す
なわち，疾病の予防に向けられたものであるという側面に注目するなら，先制
医療は（将来的に）害となるものを取り除くためのものとして，通常の治療行為
と同じレールのうえに位置づけることができる。その一方で，リスクに特化し
たものであり，介入が実質的に個人の発症を抑えるものであるかが個別の介入
の評価の決定的ポイントにはならないという側面に注目するのなら，先制医療
はむしろ，理想的な身体の実現を目指すものという性格を帯びることになる。
その意味では，美容医療をはじめとする，治療目的ではなく心身の機能を向上
させるための生化学的な介入（こういった介入をエンハンスメント〔enhancement〕
と呼ぶ）に分類するのがふさわしいと考えることもできるだろう。

　先制医療は両義的であり，二つの健康理解を混在させているようにもみえる。
先制医療においては，疾病のない状態を目指すことが，理想的なあるいは完全
な身体の状態を目指すことへとシームレスに接続されており，だからこそ，こ
の医療戦略は，人々のあいだで共有される「健康」理解の変容をいっそう力強
く推し進めるものとなりうる。

•••

医療が目指す健康はどのようなものであるべきか

　単に病気のない状態ではなく，理想的なあるいは完全な身体の状態こそが「健
康」であるという理解が広く行き渡れば，それに連動して，医療に期待される
役割もまた変化していくこととなる。わたしたちが考えるべきであるのは，医
療が追求するものとしての健康をいかなるものとして捉えるかという問題であ
る。

　WHOの健康定義は，健康な状態を狭め，それまで医学的介入の対象にされ
ていなかった心身の状態を医療の問題に入れ込んでいくものにもなりうる。こ
のように医学的介入の対象が拡大していくことは，医療化（medicalization）と
呼ばれ，それが一種の社会的統制であるという洞察をもとに批判的に捉えられ
てきた（進藤 2006）。現実の自分のあり方と「健康」な身体のイメージを絶えず
比較しなければならない生活はどこか窮屈に感じられるかもしれない。また，
医療という実践が本来果たすべき役割には，自分の不完全な身体で生きていく

ほかない人々が，そのように生きることの意味を捉える手助けをすることが含まれると考えることもできる（cf. 花渕 2007）。

　しかし，その一方で，自分の身体がリスクを抱えていると認識している人や自分の容貌に関わるコンプレックスを抱えている人の「この身体を変えたい」という切実な思いに応えるという役割を医療に期待してもいいのではないだろうか。理想的な身体を追求し始めれば際限がないということも，追求にコストがかかるということも，理想がしばしば人を息苦しくさせることも，ある身体のあり方のほうが，別の身体のあり方よりもよいものであるということを否定する根拠にはならない。何もかも差し置いて理想を追求するべきだということはできないが，理想に近づけようとすること自体は理解可能である。

　理想を叶える技術を実現した（あるいは実現が有望視される）現代社会においては，医療をいかなるものとして理解するべきなのか，医療という営みにおいて追求されるべきものとしての健康はいかなるものであるのかという問題を，深く検討する必要がある。

参考文献

磯野真穂　2022『他者と生きる——リスク・病い・死をめぐる人類学』集英社。
井村裕夫　2012「総論　転換期を迎えた医学と医療——今なぜ先制医療が必要か」井村裕夫編『日本の未来を拓く医療——治療医学から先制医療へ』診断と治療社，2-15頁。
岸玲子監修　2018『NEW予防医学・公衆衛生学』改訂第4版，南江堂。
厚生労働省　2012「「臓器の移植に関する法律」の運用に関する指針（ガイドライン）」https://www.mhlw.go.jp/bunya/kenkou/zouki_ishoku/dl/hourei_01.pdf（2022年7月27日閲覧）。
佐藤岳詩　2021『心とからだの倫理学——エンハンスメントから考える』筑摩書房。
進藤雄三　2006「医療化のポリティクス——「責任」と「主体化」をめぐって」森田洋司・進藤雄三編『医療化のポリティクス——近代医療の地平を問う』学文社，29-46頁。
萩原由美恵　2012「美容整形と医師の刑事責任」『中央学院大学法学論叢』25：1-28。
花渕馨也　2007「憑依——病める身体は誰のものか？」池田光穂・奥野克己編『医療人

類学のレッスン──病をめぐる文化を探る』学陽書房，76-98頁。

美馬達哉　2012『リスク化される身体──現代医学と統治のテクノロジー』青土社。

村岡潔　2014「「先制医療」における特定病因論と確率論的病因論の役割」『佛教大学保健医療技術学部論集』8：37-45。

村岡潔　2016「予防医学の最高段階としての「先制医療」」森下直貴編『生命と科学技術の倫理学──デジタル時代の身体・脳・心・社会』丸善出版，34-56頁。

山本輝之　2013「生体移植──刑法上の問題点の検討」『成城法学』82：148-126。

World Health Organization 2020. Constitution of the World Health Organization. https://apps.who.int/gb/bd/pdf_files/BD_49th-en.pdf#page=6（2022年7月27日閲覧）

すべての人の未病改善
神奈川県の取り組み

ヘルスケア・ニューフロンティア推進プラン

　戦後から高度成長期にかけて膨大な人口流入があった大都市圏においては，今後も急速な高齢化が進むと見込まれている。このことを受けて，神奈川県では現在，「未病の改善」と「最先端医療・最新技術の追求」の二つの取り組みに注力することで，すべての世代の人々が健康増進に努めることをサポートしつつ，新たな産業を創出することが試みられている。

　「ヘルスケア・ニューフロンティア推進プラン」と銘打たれたこの計画は，2025年に団塊の世代の人々がすべて後期高齢者となることを見据えたうえで，市民全体の健康寿命の延伸を目標としている（神奈川県 2018）。このプランにおいて描かれている2025年の社会像は，個人の生涯を通じた健康データを一括して管理して健康状態を可視化する「マイ ME―BYO カルテ」という名称のスマートフォンアプリケーションを有効活用し，特定の年代の人に限らず個人が自発的に自分のライフスタイルをチェックし，管理するというものである。

　具体的には，「マイ ME―BYO カルテ」を電子母子手帳と連携させて子どもの健康管理に役立てることや，「マイ ME―BYO カルテ」に蓄積されたデータを企業に提供し，従業員や従業員の家族の健康管理や新たな商品とサービスの開発に活用することなどが構想されており，特別な負担感なしに個人が未病改善に取り組むことができるようなサービス展開と社会システムの構築が目指されている。また，社会参加を困難にする認知機能や運動機能の低下に対する対策として，ロボット技術による身体動作の補助や再生医療による機能回復といったアプローチをとることも示されており，個人が自分の健康状態を把握することを助ける検査機器や情報通信技術に関わる技術開発と合わせて，関連領域の研究を進展させ未病産業を創出し，経済を活性化することもこのプランには盛り込まれている。

未病の捉え方

　さて「ヘルスケア・ニューフロンティア推進プラン」は，基本的に市民全体を対象とした健康増進政策であるから，そこでは，未病改善はすべての人が取り組むべき実践として性格づけられている。このプランにおいては，「健康でなければ病気」「病気でなければ健康」というような二分法で人の心身の状態を捉えることが否定され，むしろ，心身の状態を健康と病気の二極のあいだでグラデーションを描くものとして捉えることが提案されている。そのうえで，健康と病気に挟まれた領域すべてを「未病」としているのである。この未病の捉え方は，本章概説で取り上げた未病理解とは異なるが，その相違は表面的なものに過ぎないと考えることもできる。なぜなら，この未病理解もまた，究極的に理想的な心身の状態としての「健康」理解へと接近していくものだからである。

　「健康」をいかに捉えるべきかを検討する際には，是非，このような政策が提示する社会像が本当にわたしたちにとって望ましいものと言えるかということをじっくり考えてほしい。未病改善をうたう社会は，一部の人に居心地の悪い思いを強いるようなものにならずに済むだろうか。

参考文献
—
神奈川県　2018「「スマイル100歳社会」の実現に向けて——ヘルスケア・ニューフロンティア推進プラン」https://www.pref.kanagawa.jp/documents/16232/plan.pdf（2022年7月27日閲覧）。

Active Learning | アクティブラーニング 8

Q.1

先制医療にはどのような例があるのかを調べてみよう

本章で取り上げたもの以外にも，先制医療において提案されている医学的介入
がある。インターネットで検索したり，参考文献を読んだりすることで，具体
的にはどのような介入があるのかを調べてみよう。

Q.2

「健康」のために日頃から実践していることをリストアップしてみよう

できれば，一人でリストを作るのではなく，誰かと一緒に作ってみてほしい。
リストにしてみると，普段から思った以上に健康を気遣った行動をしているこ
とが発見できるかもしれない。

Q.3

老化とそれに伴って起こる身体の様々な変化は病気なのか考えてみよう

加齢に伴いわたしたちの身体の状態は変化していくので，老化は人を「不健康」
にしていくと考えることはできる。そのような「健康」理解に問題はないかを
検討してみよう。

Q.4

「健康」を定義してみよう

「健康」を定義して，その定義では，どのような状態にある人が「健康ではな
い」ことになるのかをできるだけ厳密に整理してみよう。「健康ではない」とい
う扱いを受けるということがいかなることであるかについても考えてみよう。

第9章

人工主体
わたしたちは「主体」を創り出せるのか

新川拓哉

　科学技術の発展に伴い，わたしたちは様々なものを創り出せるようになった。スマートフォン，人工心肺，遺伝子操作が加えられた新種の農作物，光に直接反応する脳をもったマウス，等々枚挙に暇がない。そして最近では，情報科学や幹細胞生物学の飛躍的な進歩により，高性能な人工知能や試験管内で培養された三次元脳組織であるヒト脳オルガノイドなどが生み出されてきた。

　こうした存在者をめぐる哲学的問題のひとつに，「それらは主体なのか」というものがある。複雑なプログラムを組み込まれた高性能な掃除ロボットは主体なのだろうか。あるいは，試験管内で培養された脳オルガノイドは主体なのだろうか。そして，もし人工知能や脳オルガノイドが主体であるなら，かれらは倫理の対象になるのではないか。つまり，わたしたちはそれらを「モノ」ではなく道徳的地位をもつ主体とみなすべきなのではないか。

　本章では，主体性をめぐる様々な立場を検討し，人工主体という概念についての理解を深めたうえで，人工主体と倫理との関わりについて考察する。その後，ケーススタディとしてヒト脳オルガノイドの主体性と倫理について論じる。

| KEYWORDS | #意識 | #脳オルガノイド | #人工知能 | #行為者性 | #被行為者性 | #道徳的地位 |

1 │ 主体性をめぐる概念整理

意識主体と行為主体

わたしたちは人工的に「主体」を創り出すことができるのだろうか。たとえば，高性能なAIを備えた掃除ロボットや，大脳に模して幹細胞から作製された脳オルガノイドは，主体とみなせるのだろうか。こうした問いに取り組むためには，「主体」という概念の明確化が不可欠である。以下では，「主体」という概念について分析し，主体であるための条件について考えていく。

気の置けない友人と居酒屋で楽しく研究の話をするとき，つい時間を忘れて飲みすぎてしまう。翌日二日酔いで目を覚ますと，頭痛や強い吐き気を感じ，ベッドから起き上がって胃薬を飲む。このエピソードには，私が二つの意味で「主体」だということが示されている。

第一に，私は楽しさや頭痛や吐き気を感じていた。これは，私が様々な意識経験をする主体であるということ，つまり「意識主体」であるということにほかならない。第二に，私は研究について話したり，胃薬を飲むためにベッドから起き上がったりした。これは，私が意図的な行為ができる主体であるということ，つまり「行為者」であるということにほかならない。このように，「主体」という語の意味は，「意識主体（conscious subject）」と「行為主体/行為者（agent）」に分けて理解することができる。

多くの人間はふつうどちらの意味でも主体である。だが，どちらかの主体性を失う状況もある。たとえば，事故で脳に大きなダメージを負ったときなど，自発的行為がまったくできない状態に陥ることがある。だが，こうした植物状態にみえる患者のうちには，意識が失われておらず周囲の会話を聞くことができる人が含まれる（Owen 2017）。こうした患者は，行為者性を（一時的に）失いながらも，意識主体であり続けていると言える。他方で，パラソムニアと呼ばれる睡眠時異常行動には，意識がないのに言語的な発話をしたり性行動をしたりするケースがある（Fleetham & Fleming 2014）。これらは，意識がなくとも（ある程度の）行為者性を帰属できるケースだとみなせるかもしれない。

ここから，人工主体をめぐる議論にも二種類の問題圏があることがみてとれ

る。すなわち，意識主体を人工的に創り出すことができるのか，という問いと，行為主体を人工的に創り出すことができるのか，という問いである・

主体性をもつための条件── 内在主義と関係主義

　最先端の技術をもちいて創り出される存在者を「X」とするなら，人工主体をめぐる問題は，「Xは意識主体なのか」と「Xは行為主体なのか」という二つの問いに分けられる（以下で「意識」や「行為」といった限定なく「主体」という語を用いるときには，「意識主体あるいは行為主体」という選言を意味する）。これらの問いに対するアプローチは，大きく「内在主義」と「関係主義」に区別できる（これはAI倫理をリードする研究者の一人であるクーケルバークによる区別を参考にしたものである〔Coeckelbergh 2010〕）。

　内在主義とは，Xに内在する性質や能力に応じて，Xが主体であるかどうかが決まると考える立場である。他方で，関係主義とは，わたしたち人間がXにどのような態度をとるか，Xをどう扱うかに応じて，Xが主体であるかが決まると考える立場である。たとえば，Xが主体であるかどうかが，X内部の情報処理機構が一定程度の複雑さをもつとか，環境に対応して適応的な行動パターンを学習できるとか，そうした性質／能力によって決まると考えるのなら，内在主義だとみなされる。他方で，Xが主体であるかどうかが，わたしたちが社会生活においてXを感情や苦痛をもつものとして扱うかどうか，わたしたちがXに対して人格や意思などを読み込むかどうかなど，わたしたち側の対応や態度によって決まると考えるのなら，関係主義だとみなされる。以下では，内在主義と関係主義の区別を軸にして，意識と行為者性について順に論じていく。

意識主体であるための条件

　意識は主観的な現象であり，ある存在者が誰にも気づかれず密かに意識的な生を送るということが可能である。わたしたちのXに対する態度や対応が，Xの意識の有無を反映しているとは限らない。そのため，意識の有無については内在主義的アプローチが支配的である。実際，感覚情報が脳内に広域的に伝達されたときに意識にのぼるとするグローバルワークスペース理論（Dehaene 2014）や，統合的な情報を生成するシステムに意識が備わるとする統合情報理論（ト

ノーニ&マッスィミーニ 2015）など，多くの著名な意識理論はどれも内在主義に属する。というのも，これらの理論によれば，Xが意識をもつかどうかは，わたしたちがXとどのような関係を取り結ぶかに依存しないからだ。

　だが，こうした意識理論の多くは，人間の意識を説明し予測するために構築されている。そのため，成熟した人間の脳をモデルにして意識を支える機構や能力が特定されていることが多い。そうした意識理論は人間とかけ離れた存在者に直接適用できないことがある。たとえば，グローバルワークスペース理論では，成熟した人の脳以外の情報処理システムに対して「感覚情報の広域的な伝達」をどのように定義すればいいのか明らかでない（Carruthers 2018）。とくに，AIや脳オルガノイドは，標準的な人間の脳とはシステムとして大きく異なっている。そのため，グローバルワークスペース理論を基準に，AIや脳オルガノイドが意識をもつかどうかを決定することは難しい。このように，既存の意識理論がうまく適用できず，Xが意識をもつかどうかを理論的観点から決定できないこともあるだろう。また，現在では多くの意識理論が乱立し，どの意識理論が正しいかのコンセンサスは得られていない。意識が主観的な現象であるため，対立する意識理論の検証はとくに困難だとみなされている（Michel 2019）。以上のことを踏まえると，意識の有無について内在主義をとりながら，Xが意識主体であるかどうかを理論的に確定するのは現在のところ難しい。

　先に述べたように，意識が主観的な現象であるため，意識の有無は関係主義的に捉えられない。だが，関係主義的な観点から派生的な意識主体概念を構築することは可能だ。たとえば，「社会内で意識をもつものとして扱われる」という点から意識主体概念を定義するとしよう。この意識主体概念は，その定義項に「意識をもつもの」という概念を含む。循環を避けるためには，この「意識をもつもの」という概念を繰り返し関係主義的なやり方で分析することはできない。そのため，定義項に含まれる「意識をもつもの」という概念は内在主義的に分析されねばならない。関係主義的な意識主体概念は，その定義項のなかに内在主義的な意識主体概念を含んでいるという意味で，派生的なのである。

　このように，関係主義的観点から派生的に定義される意識主体概念を本稿では「準一意識主体」と呼んでおく。たとえXが（内在主義的な意味で）意識主体であるかどうかが明らかでなくとも，わたしたちの多くがXを感情や痛みといっ

た意識経験をもつものとして扱うようになり，そうした扱いが社会に広く受容されるとき，Xは準—意識主体になるのである。たとえば，苦痛や喜びの表現をするよう設計されているソーシャルロボットがより身近になれば，わたしたちは大人へと成長していく過程でそうしたソーシャルロボットと頻繁にやりとりするようになり，自然と感情などの意識経験を読み込むようになるかもしれない。このとき，そのソーシャルロボットは準—意識主体になると考えられる。後で論じるように，Xが生み出されるとき，わたしたちはXをどう取り扱うべきかを考えねばならない。この倫理的考察の次元において，準—意識主体という概念は重要な役割をもつ。

行為主体であるための条件

　次に，行為者性について考えよう。山﨑によると，行為者性をめぐる分析は二種類の系統に分かれるとされる（山﨑 2018）（山崎の議論は「行動の自律性」に関わるものだが，自律性を行為者性の核とみなすのは自然なため，ここではそれを行為者性の分析として解釈する）。ひとつは行動主義的なものであり，「その主体の行動が環境に対して柔軟であり，外部からの制御を受けずにふるまう」（山﨑2018：10）という点から行為者性を特徴づける。もうひとつは心理主義的なものであり，「その主体のふるまいが，まさにその主体自身の欲求や信念，意図，目的選択といった心的状態によって生み出されている」（山﨑 2018：10）という点から行為者性を特徴づける。なお，こうした心的状態の役割が環境に適応して行動を制御するという点にあるとするなら，行動主義と心理主義の違いは行動制御を心的能力から説明するかどうかという点にあると分析できる。

　どちらの立場でも，行為者性に度合いがあることを認めることができる。たとえば，行動主義では，環境に対する柔軟性の度合いに基づいて行為者性のレベルを定めることができる。また，心理主義では，一階の心的状態と二階の心的状態を区別したうえで，二階の心的状態をもつ能力があるかという点から行為者性の度合いを測ることができる。一階の心的状態は世界についての心的状態であり，酒を飲みたいという欲求や，冷蔵庫のなかにビールがあるといった信念がその例となる。二階の心的状態とは，心的状態についての心的状態のことである。たとえば，「酒を飲みたい」という（一階の）欲求をもちたくないと

いう欲求や，ある人を嫌いになりたいという欲求などがその例となる。二階の心的状態をもつ行為者のほうが，一階の心的状態をより直接的に調整することが可能になるという点で，より高度な行為者性をもつと考えられている。

行動主義と心理主義の関係については二つの立場がある。ひとつは，行動主義は「原始的な行為者性」を表現し，心理主義は「高度な行為者性」を表現するというものだ。たとえば，身体性認知の研究者であるバランディアランらは，行為者であれば必ず備えているミニマルな行為者性を「それ自身の生存条件によって決められる規範に従い，環境とのカップリングを適応的に調整できる自律的な組織体であること」と定義する（Barandiaran 2009：376）。こうして行動主義的に特徴づけられるミニマルな行為者性がさらに発達し，その組織体が信念や欲求や意図などの心的状態を備えるようになるとき，より高度な心理主義的な行為者性が創発すると考えることができる。

もうひとつの立場は，行動主義と心理主義は「高度な行為者性」のレベルでも対立しているとみるものだ。たとえば，シルバーシュタインとチェメロ（Silberstein & Chemero 2011）は，身体化された認知（embodied cognition）の観点から心理主義を全面的に否定し，上記の行動主義的な行為者性を拡張することで，一般に「意図的な行為」と記述されるものも説明できるとする。つまり，信念や意図といった心的状態を参照しなくても，環境との適応的なカップリングなどから高度に洗練された行為も特徴づけられると主張する。

行動主義と心理主義は，どちらも行為者性に対する内在主義的なアプローチだとみなせる。というのも，それらはXの行為者性を行動制御に関わる性質/能力に存するとみなす点で共通しており，それらはXに内在すると考えられるからだ。なお，心的能力を備えるための条件については広い論争がある。たとえば，行為者性を支える心的能力に意識が不可欠だと考える論者もいるが（Himma 2009），機能的な観点から心的能力を特徴づけることも可能だと考える論者も多いし，進化的な歴史が不可欠だと考える論者もいる（Millikan 2004）。こうした論争は現在でも続いており，心理主義的な立場では，Xが行為者性をもつかどうかは簡単に決着がつく問題ではない。

他方で，内在主義的に行為主体概念を定義しつつ，関係主義的な観点から「準―行為主体」という派生的概念を導くことは可能である。たとえば，ダーリン

（Darling 2016）が強調するように，わたしたちにはソーシャルロボットを擬人化し，心を帰属する傾向がある。Xが実際に行為者性の基礎となるような心的能力——たとえば，信念，欲求，意図をもち行動を合理的に制御する能力——をもつかどうかとは独立に，わたしたちがXをそうした心的能力をもつものとして扱うとき，Xは準—行為主体になると考えることができる。あるいは，わたしたちが社会的な生活のなかで他の行為者に向けるような感謝や憤慨といった反応的態度（reactive attitude）に訴えることで，準—行為主体の特徴づけを与えることができるかもしれない。つまり，わたしたちがXに向けて自然にこうした反応的態度をとるとき，Xは準—行為主体になると考えることができるかもしれない。こうした関係主義的アプローチは，行為主体概念それ自体は内在主義的に特徴づけられることを認めるという点で，穏当である。

　だが，内在主義を否定し，行為主体概念を全面的に関係主義の観点から特徴づける極端な立場もありうる。たとえば，グンケル（Gunkel 2018）のように，Xがわたしたちに対してどのようなものとして現れてくるか，わたしたちがXに対してどのような反応をするか，という現象学的観点からXの存在論的身分を特徴づけることも可能だ（行為概念は意識概念と異なり本質的に主観的だというわけではないため，全面的な関係主義的アプローチが可能である）。この立場では，Xが行為主体であるかどうかは，わたしたちとXの関係のあり方によって決まることになり，Xに内在する性質や能力は二次的な重要性——関係のあり方を制約するという重要性——しかもたないことになる。

　あるいは，デネット（Dennett 1981）のように，心的状態の帰属について道具主義を採用するなら，心的能力それ自体を関係主義的に理解することができ，したがって関係主義的な心理主義の立場をとることもできる。デネットによれば，Xに心的状態を帰属するのが適切なのは，そうすることでわたしたちがXの振る舞いをよりよく予測できるときである。この立場では，Xが心をもつかどうかは，わたしたちが「心的状態を参照しながらXの振る舞いを予測する」という態度をとるかどうかに応じて決まることになる。

　ここまでみてきたように，主体性には様々な区別や立場がある。どの意味での主体性を扱うのかを明確にすることは，人工的存在者の地位について生産的で見通しのよい議論を行うために重要なのである。

2 | 人工主体の倫理

··

人間社会には倫理があり，それにより人々の振る舞いが制約されたり，特定の方向に動機づけられたりする。歴史的には倫理は主に人間同士の関係に関わるものであったが，近年では環境や動物との関係へと拡張された。そして現代では，倫理はAIや脳オルガノイドなどとの関係にまで拡張されるのか，そうだとすれば，どのような仕方でそれらを包摂するべきか，といった問題が精力的に論じられている。本節では，Xの主体性と倫理の関係について概観する。

··

倫理における意識主体と行為主体

倫理の重要な役割のひとつは，行為者（agent）と被行為者（patient）の関係を評価することである。たとえば，「AがBに暴力を振るう」という事象について考えてみよう。その暴力の悪さは，行為者としてのAがどのような人格であり，どのような意図や信念をもっていたか，被行為者としてのBはどのような状態にあり，その暴力によってどの程度傷ついたのか，AとBがどのような関係にあったのか，などといった点から評価される。多くの道徳理論が異なる道徳的評価の基準を提案してきた。たとえば，功利主義は関係者の最大多数の最大幸福という点から行為の善悪を評価し，義務論は主に行為者の意図や被行為者の権利から行為の善悪を評価する。また，徳倫理は行為者の性格や被行為者との関係から派生的に行為の善悪の評価を導く。そして，こうした道徳的評価を背景にして，被行為者がどのように配慮されるべきかが定まり，行為者の振る舞いが制約され方向づけられることになる。

倫理の範囲が人工主体にまで広がるのかという問いは，素朴には，それらが行為者あるいは被行為者とみなされるのか，という問いに翻訳される。どんな対象でも被行為者になれるわけではない。たとえば，猫を蹴とばすことは道徳的な評価の対象になる——そして悪だと評価されるだろう——が，ボールを蹴とばすことはそれ自体では道徳的評価の対象にならない。ここから，ボールは被行為者とみなされていないことが分かる。標準的な見解では，被行為者であるとは，利害が定義できる存在者だということである。つまり，被行為者性は，

誰かの行為によって利を得たり害を被ったりできるという点に存する。このことを踏まえると，意識主体であるならば被行為者だと言えそうだ。というのも，快や苦痛などの正負の価をもつ意識経験——つまり，その主体にとってそれらを体験することがそれ自体で好ましかったり嫌だったりするようなもの——をもちうるのなら，その主体には利害が定義できると考えられるからだ。したがって，Xが意識主体とみなされるなら，それらは被行為者として倫理空間に位置づけられることになる（ただし，意識理論によっては，正負の価をもたない意識を認めるものもある。リー〔Lee 2019〕のようにそうした意識には道徳的重要性がないと主張する論者もいるが，チャーマーズ〔Chalmers 2022 : 343-345〕のようにそうした意識主体も被行為者とみなされるべきだと主張する論者もいる。この点は現在でも論争が続いている）。

　同様に，Xは行為者性を備えることによっても倫理空間に位置をもつ。もちろん，行為者性のレベルに応じてその正確な位置づけは変わってくるはずだ。たとえば，行動主義的にのみ特徴づけられる原始的な行為者性しかもたない主体が道徳的に問題のある行為を繰り返すときには，道徳の再学習が強制されるだけかもしれない。だが，欲求や信念や意図といった心的状態をもつ行為主体がそうした行為をするときには，賞賛（報酬）や非難（罰）といった道徳的賞罰の対象にもなるかもしれない。あるいは，二階の心的状態をもちうるようなより高度な行為主体だけが，そうした道徳的賞罰の対象になると考えられるかもしれない。

　なお，被行為者性についても，そのレベルに応じて倫理空間内での位置づけが変わると考えられる。たとえば，意識主体でも，きわめて単純な意識経験しかもてない主体と，より複雑で豊潤な意識経験を享受できる主体を比べると，後者のほうがより手厚い配慮が必要だとみなされるかもしれない。さらに，行為者性をもたない意識主体と，それをもつ意識主体を比較するなら，後者のほうがより洗練された配慮が必要だとみなされるかもしれない。

••

倫理における準─意識主体と準─行為主体

　ここまでに確認したように，Xが主体であるなら，それらが既存の倫理の枠組みに組み込まれるというのは確かである。では，Xが準─行為主体や準─意

識主体であるとき，そうした主体は倫理の対象になるのだろうか（それらの選言を「準—主体」と表現する）。

　ひとつの考え方は，準—主体に倫理空間のなかでの行為者や被行為者としての地位を認めるというものだ。

　実際のところ，理論間での論争があるため，内在主義的観点からXが主体であるかどうかを決定するのは難しい。だが，現代社会の技術的発展や社会環境の変化は理論間論争の解決を待ってはくれない。Xがこの社会に生み出されるとき，わたしたちはXをどう取り扱うべきかを定めなくてはならない。とはいえ，主体と認めるためのメタ理論的基準を厳しくすると——たとえば「すべての有望な理論によって認められる」という条件を置くと——，実際には意識や行為者性をもつ存在者が倫理空間から締め出される恐れがある。他方で，そのメタ理論的基準を緩くすると——たとえば「どれかひとつの有望な理論によって認められる」という条件を置くと——，実際には意識や行為者性をもたない存在者が倫理空間に詰め込まれ，わたしたちの行為規範としての倫理に過剰な負荷がかかる恐れがある。

　他方で，Xが準—主体であるかどうかは，わたしたちとXの関係をめぐる様々な社会調査によってある程度推定できる。そして，そうした主体を倫理空間に含めることは，Xが事実として主体とみなされておりそのように扱われているかぎり，わたしたちの道徳感覚とも一致するものとなるだろう。したがって，準—主体にも行為者や被行為者としての地位を認めることは，Xの倫理を考えるうえで有用である。つまり，Xが主体であるかどうかを内在主義的に決定できないとき，関係主義的な基準を使えば，Xをどう取り扱うべきか，Xにどの程度の配慮が必要かを直観に沿うかたちで定めることができるだろう。

　この考え方では，準—主体であることによる道徳的地位は，主体であることの道徳的地位から派生する。つまり，倫理空間内で主体が占める地位が，準—主体にも便宜的に認められることで，そうした準—主体の倫理的な位置づけが定まっている。そのため，ある時点でXが準—主体であるとしても，その後にXが主体でないと判明したならば，それに即して倫理空間から除かれるべきであり，その理解が広がればXは徐々に準—主体でなくなってゆくだろう。たとえば，アニミズム的な視点から人格が込められていた古木などの自然物が，科

学的進歩に応じて道徳的地位を失っていくというのは，この流れに位置づけられるかもしれない。逆に，たとえある時点でXが準─主体でないとしても，内在主義的な観点から理論的にXが主体であると判明すれば，Xは倫理空間に位置づけられるべきだろうし，同時にその事実は少しずつ社会に広まっていくだろう。そして，最終的にはそれらが準─主体にもなると考えられる。たとえば，イギリスで甲殻類や頭足類への倫理的な配慮が少しずつ進んできたのは，こうした流れの一例とみることができそうだ。

　他方で，準─主体の倫理的な位置づけについて，かなり異なる考え方も可能である。カプッチョら（Cappuccio et al. 2020）は，わたしたちの心理的性向から自然と擬人化されてしまうソーシャルロボットを奴隷のように扱うなど，準─主体にまったく配慮しないことで，共感性や同情性といった徳が損なわれると主張する。かれらによれば，準─主体の道徳的地位は，「かれらに配慮をしないことでわたしたちの徳が失われる」ことと「かれらに配慮をすることでわたしたちの徳が高まる」という点に存するのである。

　この観点からすると，たとえXが主体ではないと判明しても，Xが準─主体であるかぎりにおいて，それに配慮する倫理的な理由があることになる。というのも，そうしなければわたしたちの共感性や同情性といった徳が損なわれてしまい，ゆくゆくは人間を含めた他の主体に対する態度も非道徳的なものになりかねないからだ。逆に，準─主体でないものに対する共感や同情は，そうした感情的態度の範囲を適切に調整するという徳の中庸性の観点から，不適切なものとみなされるかもしれない。勇気と蛮勇が異なるように，際限なく何にでも共感し同情してしまう人間に徳性が認められることはないだろう。

　このような徳倫理的アプローチは，興味深い帰結をもつ。道具として使用するために製作される人工物は，そこに意識や行為者性が読み込まれないようなデザインのほうがよい。そうでなければ，それを道具として効率的に使用すればするほどわたしたちの側の徳が損なわれていくという状況に陥ってしまう（カプッチョら〔Cappuccio et al. 2020〕はこのことを「擬人化と脱人間化のパラドクス」と呼ぶ）。他方で，わたしたちが感情を込めて対話したりケアしたりすることに目的の一部があるペットロボットのような人工物であれば，意識や行為者性が自然に読み込まれるデザインが適切である。言説についても同じことが言える。

142

わたしたちがXを自然に配慮できるような場合には，Xが準─主体であることは，わたしたちの徳の涵養にとって有効である。したがって，Xが準─主体だと示す言説を広げるべきだ。他方で，Xが侵襲的な実験利用のために製作されている場合など，Xへの配慮が構造的に阻害されるケースでは，Xが準─主体であることはむしろ道徳的に有害である。そのため，Xが準─主体ではないと示す言説を広げるべきである。

　ここまでみてきたように，Xがどのような意味で主体とみなせるかに応じて，Xの倫理的評価のあり方は大きく変わる。主体性をめぐる考察は，未来社会の倫理を考えるうえで不可欠なのである。

参考文献

トノーニ，J＆M・マッスィミーニ　2015『意識はいつ生まれるのか──脳の謎に挑む統合情報理論』花本知子訳，亜紀書房。

山﨑かれん　2018「人工知能の自律性について」『新進研究者 Research Notes』1：8-16。

Barandiaran, X. E., E. Di Paolo & M. Rohde 2009. Defining Agency : Individuality, Normativity, Asymmetry, and Spatio-Temporality in Action. *Adaptive Behavior* 17(5): 367-386.

Cappuccio, M. L., A. Peeters & W. McDonald 2020. Sympathy for Dolores : Moral Consideration for Robots Based on Virtue and Recognition. *Philosophy & Technology* 33 (1): 9-31.

Carruthers, P. 2018. The Problem of Animal Consciousness. *Proceedings and Addresses of the APA* 92 : 179-205.

Chalmers, D. J. 2022. *Reality+ : Virtual Worlds and the Problems of Philosophy*. New York : W. W. Norton.

Coeckelbergh, M. 2010. Robot Rights? Towards a Social-Relational Justification of Moral Consideration. *Ethics and Information Technology* 12 (3): 209-221.

Darling, K. 2016. Extending Legal Protection to Social Robots : The Effects of Anthropomorphism, Empathy, and Violent Behavior Towards Robotic Objects. In R. Calo, A. M. Froomkin & I. Kerr (eds.), *Robot Law*. Massachusetts : Edward Elgar, pp.213-234.

Dehaene, S. 2014. *Consciousness and the Brain : Deciphering How the Brain Codes Our Thoughts*. New York : Penguin（S・ドゥアンヌ　2015『意識と脳──思考はいかにコード化される

か』高橋洋訳，紀伊國屋書店）

Dennett, D. C. 1987. *The Intentional Stance.* Cambridge, MA : MIT Press（D・C・デネット 1996『「志向姿勢」の哲学——人は人の行動を読めるのか？』若島正・河田学訳，白揚社）

Fleetham, J. A. & J. A. E. Fleming 2014. Parasomnias. *CMAJ : Canadian Medical Association Journal = Journal de l'Association Medicale Canadienne* 186（8）: E273-280.

Gunkel, D. J. 2018. The Other Question : Can and Should Robots Have Rights? *Ethics and Information Technology* 20（2）: 87-99.

Himma, K. E. 2009. Artificial Agency, Consciousness, and the Criteria for Moral Agency : What Properties Must an Artificial Agent Have to Be a Moral Agent? *Ethics and Information Technology* 11（1）: 19-29.

Lee, A. Y. 2019. Is Consciousness Intrinsically Valuable? *Philosophical Studies* 176（3）: 655-671.

Michel, M. 2019. Consciousness Science Underdetermined : A Short History of Endless Debates. *Ergo: An Open Access Journal of Philosophy* 6. https://doi.org/10.3998/ergo.12405314.0006.028.（2023年6月1日閲覧）

Millikan, R. G. 2004. *Varieties of Meaning.* Cambridge, MA : MIT Press（R・G・ミリカン 2007『意味と目的の世界』信原幸弘訳，勁草書房）

Owen, A. 2017. *Into the Gray Zone : A Neuroscientist Explores the Border Between Life and Death.* New York : Simon and Schuster（A・オーウェン　2018『生存する意識——植物状態の患者と対話する』柴田裕之訳，みすず書房）

Silberstein, M. & A. Chemero 2011. Dynamics, Agency and Intentional Action. *Humana. Mente : Journal of Philosophical Studies* 15 : 1-19.

脳オルガノイドをめぐる問題

　ヒト脳オルガノイドとは，人間の幹細胞から作製された三次元の脳組織である。これまで，神経科学の基礎研究や創薬などの応用研究のため，様々な脳部位に構造的に類似する脳オルガノイドが作られてきた。もちろん，現在の脳オルガノイドは，標準的な人間の脳とはかなり異なる。まず，身体や感覚器官をもたないため，感覚入力や運動出力がない。培養中の脳オルガノイドでも電気生理的な活動が生じているが，それらは感覚入力に基づくものではない。現在の脳オルガノイドは血管がないため体外での成長にも限界があり，大きいものでも直径10mmに満たない。だが，現在のヒト脳オルガノイドの神経活動パターンもある程度の複雑さをもつことが分かっており，機能的神経ネットワークを備えていると推測されている（本段落での記述は新川ら〔2021〕による）。

　ヒト脳オルガノイドは主体なのだろうか。統合情報理論によると，機能的神経ネットワークを備えている脳オルガノイドは意識をもちうるとみなされる。他方で，多くの表象主義的な意識理論によれば，現行の脳オルガノイドは情報処理装置としてきわめて未熟で，世界のあり方を表象しているとは考えにくいため，意識をもたないとみなされるだろう。このように，意識理論に応じて脳オルガノイドの意識の有無について異なる主張が導かれる。他方で，脳オルガノイドはそれ自体では身体をもたないため，内在主義的な基準では行為主体ではないと結論づけられる。したがって，脳オルガノイドは倫理空間において行為者ではないが被行為者ではありうる存在者として考えられるだろう。

　では，ヒト脳オルガノイドは準一主体でありうるのだろうか。「脳は心の座である」というイメージや，「脳組織がゲームの仕方を学習した」（Kagan et al. 2022）などのインパクトのある研究成果から，脳オルガノイドに主体性を帰属するような言説が広まる可能性は十分にある。だが，こうした言説は時に研究成果の拡大解釈や，不必要にセンセーショナルな表現を含むことがあり，内在

主義的な観点からは批判的に評価されるものもあるだろう。

　脳オルガノイドが準―主体になることに対しては，徳倫理的な観点から批判的な検討が必要である。というのも，脳オルガノイドは神経科学の基礎研究や医療応用のために作製されており，そうした現場では多くの研究者が脳オルガノイドを実験材料として使用しているからである。脳オルガノイドが準―主体になると，こうした「道具としての使用」は，研究者の徳を損なうものになりうる。そうした研究者は，準―主体である脳オルガノイドに配慮して実験をストップさせ科学的・医療的な進歩を遅らせるか，あるいはその実験利用を進めることで社会からの道徳的非難を受けたり自身の有徳性を損なったりすることを受け入れるか，どちらかを選ばなければならなくなるかもしれない。わたしたちの脳についての素朴なイメージや研究成果の誇大な紹介文にひきずられて，脳オルガノイドの主体性を（内在主義的な）根拠なく示唆するような言説は，徳倫理的な観点からみて道徳的に問題があるかもしれないのだ。

参考文献
—

新川拓哉・坂口秀哉・澤井努　2021「ヒト脳オルガノイドの意識をめぐる哲学・倫理学的考察——予防原則の観点から」『21世紀倫理創成研究』14：61-84。

Kagan, B. J. & A. C. Kitchen, Nhi T. Tran, F. Habibollahi, M. Khajehnejad, B. J. Parker, A. Bhat, B. Rollo, A. Razi, K. J. Friston 2022. In Vitro Neurons Learn and Exhibit Sentience When Embodied in a Simulated Game-world. *Neuron* 110（23）: 3952-3969. e8, ISSN 0896-6273, https://doi.org/10.1016/j.neuron.2022.09.001.（2023年6月1日閲覧）

Active Learning | アクティブラーニング 9

主体だが準一主体ではない存在者や, その逆の存在者はいるだろうか

内在主義的なアプローチで主体であるための条件が, 関係主義的なアプローチで準一主体であるための条件が分析されるとしよう。そのとき, 主体であるが準一主体でないような存在者はいるだろうか。あるいは, その逆の存在者はいるだろうか。意識主体と行為主体のそれぞれについて考えてみよう。

ヒト脳オルガノイドと非ヒト脳オルガノイドに道徳的な差はあるか

ケーススタディではヒト幹細胞から作られたヒト脳オルガノイドの倫理を取り上げた。だが, ネズミやサルなどの他の動物の脳オルガノイドを作製することも可能だ。両者のあいだに, 道徳的に重要な違いはあるだろうか。

脳オルガノイドの他に, 近い未来に準一主体とみなせるものはあるか

ケーススタディでは, 脳オルガノイドが準一主体とみなされる可能性とその是非について論じた。では脳オルガノイドの他に, 近い未来に準一主体になりそうなものはあるだろうか。最先端の科学技術について調べて考えてみよう。

介護ロボットの倫理について考えてみよう

近い未来に介護をするロボットが開発されるかもしれない。概説での主体性と倫理をめぐる議論を踏まえて, 介護ロボットはどのようにデザインされるべきか, どのように使用されるべきかを考えてみよう。

第10章

人工知能
ロボットは他者になれるか

谷口忠大

　物語のなかの人工知能は，まるで人間のように主人公に関わりストーリーに絡んでいく。それはまさに他者としての存在だ。2010年代に世界は空前の人工知能ブームを迎えた。2020年代にはChatGPTに代表される生成AIの波が来た。一方で，SF映画やアニメ，小説のなかでわたしたちが出会うような人格をもってわたしたちと暮らす人工知能は，まだ現れていない。それはなぜだろうか。また，わたしたちはどのような条件によって，人工物たる人工知能やロボットに「他者」を感じるのだろうか。

　哲学的議論において，わたしたちは一足飛びに「人工知能が人間のような意識をもったら？」「人間のように社会に入ってきたら？」というような仮定を置いて議論しがちだ。しかし，そのような議論はしばしば本質的な論点を消し去ってしまう。人工知能の技術的発展は，簡単に作り出せるものと，作り出せないものがあることを明確にわたしたちの前に提示し，従来の思弁的な議論とは異なる世界認識を与えてくれる。たとえば言語的にコミュニケーションするスマートスピーカーが結局のところ日常的な話し相手にならない一方で，20年前に生み出されたAIBOは言葉を話せないにもかかわらずペットロボットとして多くの人とのあいだに関係性を築いた。その差異はどこにあったのだろう。

　本章では人工知能技術に基づくコミュニケーションロボットに関する思索を通して，人間にとって人工知能やロボットが他者になりえる可能性に関して議論する。

KEYWORDS #人工知能 #ロボット #コミュニケーション #記号創発システム #言語理解

1 │人工知能技術とコミュニケーション

・

飽きられるコミュニケーションロボット

　2010年代の第三次AIブーム以降，人工知能技術は大いに発展した。2020年代に生成AIの波が来た。人工知能はどんどん優秀になり，画像認識や機械翻訳をはじめとした様々なタスクで標準的な人間を超える高い性能を示している。「人工知能はどんどん人間の知能に接近している」という印象をもつ読者も多いだろう。しかし，未だにわたしたちの生活空間で，わたしたちの社会の一員として活動し続ける「他者」としての人工知能は存在しない。

　人工知能という言葉に，「人間とコミュニケーションしながら活動する人格をもった存在」をイメージする人は多い。人工知能技術が世の中に浸透する以前，20世紀から「人工知能」という言葉それ自体は多くの人にとって馴染みのある言葉だった。学問的な意味ではなく，むしろSF映画やアニメのなかでの存在として。SFアニメには様々なロボットや人工知能が現れる。歴史のあるところなら『鉄腕アトム』や『ドラえもん』。その他に『攻殻機動隊』に出てくるタチコマや，『ソードアート・オンライン』に登場するユイ，『新世紀GPXサイバーフォーミュラ』のアスラーダなど。それらはすべからく自律的に動き，判断し，人間と何かしらのコミュニケーションを図る。

　しかし，2010年代の革命的な進歩を経てもなお，わたしたちの身の回りにそういった人間との自然な言語的コミュニケーションを持続的に実現するロボットは普及していない。これまで多くのコミュニケーションロボットが開発されて，発売されてきたが，その多くはユーザにすぐ飽きられてしまう。そして事業は継続されずに，生産中止となってきた。ここでいうコミュニケーションロボットとは，ペットロボットやエンターテインメントロボットを含み，言葉や動作を用いて人間とコミュニケーションをとるロボット全般を指す。ペットロボットのAIBOや，店頭でサービスを提供したPepper，手のひらサイズのおしゃべりAIロボットのRomi，小型の対話ロボットSotaなどが挙げられる。コミュニケーションロボットに類する存在として，わたしたちと言語的なやりとりができる人工知能にはAmazon EchoやGoogle Homeといったスマートスピーカー

がある。スマートスピーカーとはインターネット接続をもち，音声認識と音声操作が可能なスピーカーのことである。AIアシスタントを搭載しており，ニュースを検索したり天気を調べたりできる。普及してはいるものの，「他者」としてわたしたちの家庭のなかの住人としての位置をしめているかというと，そうはなっていないのが実情である。多くの場合，ただの音声入力を受け付ける音楽プレイヤーや，天気予報や時刻を教えてくれる機械になっている。我が家でもAmazon Echoがやってきて数日は子どもたちが「アレクサ！　アレクサ！」と声をかけ，大人気であったが，2週間もせずに飽きられてしまった。いまは娘の部屋でAmazon Musicの音楽プレイヤーになっている。

　このような「飽き」は人間との言語的コミュニケーションを行うことを目的に作られた様々なコミュニケーションロボットやスマートスピーカーにおいて，普遍的に存在する問題だ。過去にも多くの企業が様々なコミュニケーションロボットを売り出してきた。しかし，その結果は「死屍累々」とでも言うべきものだ。飽きられてしまうのだ。

　この「飽き」には多様な原因がある。ただゲームに飽きるというようなものとは違う。ロボットによる度重なる言語理解の失敗や，期待からのずれ，インタラクション機会の喪失など様々なものが重なり合った結果として，ユーザが関わり合いをやめてしまうという現象が観察されるのだ。

　現在の多くのコミュニケーションロボットは「他者」になれずに「道具」に留まる。コミュニケーションロボットが他者になることは可能なのだろうか。

・

コミュニケーションの人工知能技術

　人工知能やロボットに関して哲学的議論を行うときに気をつけなければいけないのは，現在の技術と未来の技術を区別することだ。「人工知能は○○だから，△△できない」という言明がなされるとき，○○は現在の標準的な技術に関して言及しているに過ぎないことが多い。その場合，未来の人工知能が△△できないことにはならない。もちろん「現在の人工知能は○○だから」と限定すれば問題ないし，注意してそのように議論することが望ましい。「人間は△△」だという言明はまだよい。数年から数十年の単位で哲学的議論をしているあいだに，人間という存在，またその本性が進化的な意味において大きく変わ

ることは考え難いからだ。これに対して工学的概念は，数年から数十年のあい
だに大きくその言葉の意味を変えうる。実際に，2010年代を経て「人工知能」
という言葉の意味はずいぶんと変わった。2010年代以前は「人工知能」という
言葉は，粗く言えば論理思考の機械（記号的人工知能）を表したが，2010年代以
降は「ディープラーニング」によってパターン処理を行う機械を主に表すよう
になった。「技術的な些細な差異であり，哲学的な議論とは無縁だ」と考える人
もいるかもしれない。しかし近づいてみればずいぶんと別物になっており，「教
会の建物は一緒なのに入っている宗教が違う」くらいの違いがある。実際に2022
年末にOpenAIから発表されたChatGPTは，その質問応答や言語処理，対話に
おける柔軟さから驚くべき速度で普及し，人々のもつ人工知能という存在に対
するイメージを大きく変えた。ChatGPTは大規模言語モデルと呼ばれる技術に
基づくが，その技術が本章の哲学的問いにどれほどの影響を与えるかは注視す
べき論点だろう。

　コミュニケーションロボットやスマートスピーカーが人間との言語的なコミュ
ニケーションをとる際に基盤的な技術となるのは音声認識と音声合成である。
音声認識は人の声を書き起こし文に変える技術だ。マイクで拾った音声を，音
声波形からスペクトル情報などに変換し，それをパターン認識することで，文
字列へと書き起こす。音声合成はその逆だ。これらの技術により，ロボットは
聞き，話すことが可能になった。しかし「何を話すか」に関しては，音声認識
技術や音声合成技術は何の助けも与えてくれない。

　音声認識された言葉を人工知能やロボットの動作にどう結びつけるかという
ことは，人手もしくは機械学習に基づいて，入力と応答のマッピング関係によっ
て設計されがちだ。たとえば「クーラーをつけて」という命令は音声認識をし
た後に，その文が解析されて，クーラーのリモコン信号に置き換えられる。た
とえば「アレクサ，流行のジャズをかけて」という言葉は，その構文からAm-
azon Musicアプリに関連づけられ，プレイリストのなかから「流行のジャズ」
にマッチするものを検索し，再生する命令として解釈される。これらはほとん
ど情報機器にあらかじめ準備されたコマンドを音声の形をしたボタンで押して
いるのと変わらない。それは果たしてコミュニケーションなのだろうか？　言
語を使っているものの，その実態は，わたしたちがエアコンのリモコンを押し

てエアコンをつける行動と変わらない。ChartGPTをはじめとした近年の大規模言語モデルは言語命令を理解をする知能を大いに作りやすくしたものの，人間からの命令とその実行というコミュニケーション観をわたしたちがもつかぎり，上記の構造は揺らがない。

　わたしたちは，それを，コミュニケーションと呼ぶのだろうか。

2｜言葉のもつ意味
言語コミュニケーションの本質

　わたしたちがロボットと本当の意味でコミュニケーションし，それを社会的な「他者」として認めるに至るには，何が必要なのだろうか。ロボットが受け取る信号がテキストの文字列なのか，音声の発話なのかは大きな問題でないように思う。そのロボットが自律的な主体として，その言葉を解釈し，意味を見出し，そして，行動することが大切だろう。

　現代のロボットや人工知能がIT技術の産物であることは論をまたない。ただIT技術はしばしば日本語では「情報処理」技術と呼ばれるように，処理——プロセス（process）とみられる。現代の人工知能技術もその実態は知的情報処理技術と呼ばれて然るべきものがほとんどだ。情報処理とは，ある入力に対して変換を行い，変換後の情報を出力するものである。この視点からみると，現代の人工知能技術が機械翻訳，画像認識，音声認識といった，入出力関係が明確なものがその中心をしめていることがよく理解できる。

　そしてスマートスピーカーや多くのコミュニケーションロボットもまた，音声で入力された命令を「何らかの機能の実行」という出力に変換する。情報処理はその定義より，原則的に受動的であり，他律的である。

　一方でわたしたち人間は自律的な存在である。他者からの入力がなくても自ら動き，環境のなかで様々なものを知覚し，作用し，意味づけていく。

　わたしたちが自律的であるということは，認知的に閉じていること，つまりわたしたちは自らの感覚器と運動器を通してのみ外界と関わることができ，それ以外の外部観察者視点の観測を得ることはできないことを含意する。わたしたちの主観的な世界は，わたしたち自らの感覚器と運動器によって認知的に閉

じているのだ。基本的には両目から入ってくる光のパターン以外の視覚情報は得られないし、皮膚を通してしか触覚情報として感じ取れない。運動器で世界に作用し、感覚器で知覚することで成り立つ主観的な世界に、わたしたちは生きている。ユクスキュルはこの主観的な世界を環世界と呼ぶ（ユクスキュル 2005）。

　自律的な生物にとって自らを律するのは、自らであり、他者からの脳内への直接的な入力は受け付けず、脳内の状態は他者に観測されない。これは逆に「他人の頭のなかは覗けない」という言語的なコミュニケーションにおける大原則を伴う。

　ではそのような世界のなかで記号の意味とは——言語コミュニケーションにおける意味とはどこから来るのだろうか。それは主体による能動的な意味づけ——解釈行動にほかならない。記号論の祖であるパースは記号をサイン、対象、解釈項の三項関係として定義した（パース 1986）。それは記号過程（semiosis）とも呼ばれる。解釈項とは指し示すものであるサインと指されるものである対象を媒介する第三の事象である。ここで記号とは言語よりも一般的な存在でありジェスチャや信号機の色など様々なものを含む。

　パース記号論の重要な点は、記号の意味を解釈者による解釈行動を基礎において説明した点にある。言葉の意味というのは事前に決まっている必要はないのである。言語コミュニケーションの本質は、受け手がそれを意味づける点にある。

記号創発システム

　各コミュニケーション主体が自律的であり、ゆえに認知的に閉じている。言葉の意味というのは個々の主体の記号過程に基づく。しかし、このような視点にたつと、今度は逆に、それぞれの解釈や言葉から得られる意味がバラバラになってしまい、わたしたちは適切なコミュニケーションをとれなくなってしまうことになるように思われる。言葉の意味は相対的な関係においてしか実在せず、それはすべての人々において異なるといった、いわゆる相対主義の立場だ。

　これに対して、記号が社会のなかで生まれ、共有されていく過程を全体として捉えたのが記号創発システムである（谷口 2010, 2020）。記号創発システムはこの社会において、言語をはじめとした記号システムがどのように「意味」を

もつかを表現したモデルである。コミュニケーションを行う主体は記号創発シ
ステムと呼ばれる自律分散システムに所属していると考える。

　主体は環境との身体的相互作用を通して，自らのなかで内的表象系を形成す
る。たとえば「りんご」や「椅子」などといった物体のカテゴリに対応する脳
内の表現などを考えていただけると分かりやすい。次に，形成したこの内的表
象系に基づいて環境を認識し，他の主体にサインを用いて伝える。サインを受
け取った他の主体は自らの形成した内的表象系に基づいてこれを解釈する。

　このとき，同じ対象を表すのに異なるサインを使ったり，異なる対象を表す
のに同じサインを使ったりしていると，コミュニケーションは達成されず，主
体はその便益を享受できない。それゆえに系全体でサインと対象の関係を一致
させていく圧力が働く。その結果，徐々に系全体を覆うように創発的記号シス
テムが組織化されていく。各主体はこの記号システムのルールに従う（トップ
ダウンな制約を受ける）かぎりにおいて，意味の通るコミュニケーションを行う
ことができるのだ。

　環境と他の主体との相互作用を経て，ボトムアップに組織化された記号シス
テムが，トップダウンな制約を主体同士の相互作用に与えることにより，記号
的コミュニケーションという新たな機能が生まれる。このようなループ構造は
ミクロマクロループと呼ばれ，創発特性を有する複雑系——創発システムの特
徴であると言われている。

　わたしたちは記号創発システムの一員となり，不断の適応により，自らの記
号の使用と解釈を変容させ続けているからこそ，意味を伴うコミュニケーショ
ンが可能なのだ。

　記号創発システムは，記号的コミュニケーションが，わたしたちの認知シス
テムと，それに基づいて形成される社会システムにおける創発特性の産物とし
て捉えられることを主張している。そしてそのコミュニケーションできる「他
者」になるためには，記号創発システムの一員となる必要があると示唆してい
るのだ。

・・

記号創発ロボティクス

　記号創発システムがある程度，人間社会における記号的コミュニケーション

の動態を表現していると考えたとき，実際にこのような描像に基づいて人間同士のコミュニケーション（に類似したもの）を再現することができるのだろうかという問いが現れる。

　物理学においてニュートンの運動方程式が基本的な法則として認められているのは，それに基づくシミュレーションが実際に「物体の運動」という現象を再現してみせるからだ。同様に記号創発システムの描像も実際に動かすことができれば，そして実際に人間のコミュニケーションに似た現象を再現することができれば，その妥当性が支持される。これはつまりコミュニケーション理解のためのモデルを記述的もしくは図式的なモデルから計算論的なモデルへと発展させることである。

　上記の使命を帯びた記号創発システムへの構成論的アプローチが記号創発ロボティクスだ（谷口 2014）。記号創発ロボティクスでは，実際のロボットに視覚情報を得るためのカメラを備え付けさせ，また聴覚情報を得るためにマイクを，触覚情報を得るために触覚センサを備え付けさせ，様々な機械学習モデルを構築し，ロボットにもたせることで，物体や場所の概念形成，および語彙の獲得が可能なことを示してきた。また他の主体との名付けゲームを通して，集団のなかで，共通の語彙，簡単な記号システムを組織化可能であることが示されてきた。ここで名付けゲームとはロボットが対象に名前を付け合い，学び合うゲームであり，人間社会における言語や記号の創発を構成論的に議論するために用いられてきたモデルである。

　言葉の意味を理解して，記号を用いたコミュニケーションを用いたロボットを生み出すことは，工学的な意味においてのみならず，人間理解のためにも重要なのである。

3 ｜ 人工知能は他者になれるか

…

他我問題，感情，意識，言語

　「人工知能は他者になれるか」という問いに立ち返ろう。「「他者」になるために満たさねばならない要件は何だろうか」。このような素朴な問いかけを学生にすると，「意識をもつこと」「感情をもつこと」「言葉を理解すること」などとい

う答えがしばしば戻ってくる。これらの要件を満たすに当たって，共通して存在する問題がある。それは「相手の頭のなかは覗けない」という問題だ。他我問題ともいう。そもそも，ロボットが意識をもったとして，それが意識をもっているかどうかを，外部観察者としてのわたしたちはどうやって判定するのか。知ることできるのか。

「ロボットに意識をもたせる」の部分を叶えるのは確かに技術的問題かもしれない。しかしそれは「あるシステムが意識をもっているかどうかを判定できる」ことなしには達成したことを確認しえない。そしてその判定は，ロボットのみならず，人間を相手としたときであっても難しい問題なのだ。つまり人工知能やロボットが意識をもつかどうかの問題の本質は，他者が意識をもっているとわたしたちがどのようにして知りえるのかという哲学的問題とその多くを共有している。これは第9章で述べた関係主義的なアプローチでは準―意識主体までしか到達できず，意識主体への到達には内在主義的な観点を要するという議論などと同一である。

ただし言語理解に関して言えば「相手の頭のなかに自分がその言葉で意図したものと，似た理解を生み出す」という描像そのものが間違いであるとするならば，「相手の頭のなかが覗けない」ことは問題にならなくなる可能性もある。そもそも人間はそのような超常的な能力なしに日々のコミュニケーションを成立させているのだから。

「他者」になるということが，自律的な主体がコミュニケーションを通じてわたしたちの社会の一員になるということなのであれば，記号創発システムの構成要素となれる適応性や学習能力をもつということは，「他者」になる必要条件なのだろう。

・・・

「他者」になるロボット

言語を話すことは，ロボットが他者になるための必要条件だったり，十分条件だったりするのだろうか。筆者はそうは考えていない。むしろ，これまでのペットロボット等の観察に基づけば，現状ではむしろ「逆」の可能性さえあると思われる。

これまでに作られては消えていったペットロボットたちのなかで，最も大き

な成功を納めたのはSONYが1999年に発売したAIBOであろう。当時のAIBO
は社会現象とまで言われるものになった。特筆すべきはAIBOがユーザとのあ
いだに作った関係性である。ユーザのなかにはペットのAIBOに服を着せる人
や，また壊れたときにお葬式を上げる人などまで現れた。当時のAIBOは「他
者」としての存在に迫っていたのではないだろうか。当時AIBOがきっかけに
なり各社が様々なペットロボット，エンターテインメントロボットを販売した
が，AIBOに並ぶものは皆無であった。

　AIBOのデザインには白眉なものがたくさんあるが，ここではそのなかのひ
とつとして初代AIBOに「人間の言葉を話させなかったこと」を指摘したい。
AIBOは「ピロッポ」のような電子音しか話さなかった。AIBOと人間のコミュ
ニケーションは，人間がAIBOの意図を推察しようとする，またそのサインの
意味を解釈しようとする能動的働きかけのうえに成り立つ。AIBOの出すサイ
ンの意味はAIBO自身の自律的な活動に関連づけられながら，ユーザによる意
味づけ，つまり記号過程によりその状況に立脚しながら成立するのだ。

　多くの開発者はエンターテインメントロボットに人間の言葉を話させようと
する。しかし正直なところ，実世界において人間とやりとりしながら，その言
葉を理解し，開かれた環境のなかで様々な共同作業を自然に果たしていくレベ
ルの言語理解は，現在の人工知能ではまだまだ難しい。それゆえにユーザは，
必然的に落胆を覚える。さらに「意味も分からないのになぜ，この人工知能は
このような応答をするのか」という問いは，その人工知能が自律的な存在では
なく，誰かに作られた道具なのだという認識にユーザを導く。コミュニケーショ
ンロボットの研究者である岡田は，第9章でも触れた哲学者デネットの「志向的
な構え」に関わる議論を援用しながら，このように設計者の影を見出す人間の
態度を「設計的な構え」と呼ぶ。そして社会性をもつロボットの設計において
それを避けることの重要性を指摘している（岡田 2012）。

　とはいえ，そのAIBOでさえ，やはり多くのユーザにとっては飽きられる対
象であったし，多くの場合で，長期的な関係性を維持できるものでもなかった。
この壁を乗り越えていくためには，同じ環境を共有し，状況に立脚しながら，
身体的相互作用と記号的相互作用を通して，コミュニケーションを支える記号
システム自体をともに変容させていく能力をもつ必要があるだろう。

　お互いの発する記号の意味が分かることで，相互作用を通して相手のことが分かっていく。そのような関係性の構築には，コミュニケーションロボットが記号創発システムの一員であることこそ，本質だと考える。

　いつかコミュニケーションロボットが，わたしたち人間が参加する記号創発システムの一員になったとき，きっとそれは「他者」になるのだろう。

　本章では人工知能やロボットが「他者」になるためには何が必要かを議論した。この問題は，人工知能やロボティクスといった情報科学・工学と，哲学の相互作用の界面を作り出す。工学の人間が論じるときには哲学を学ぶべきだろうし，哲学の人間が論じるときには工学を学ぶべきだ。学ぶ前に決めつけて議論することなく，お互いに学び合うことが，より深い人間理解につながる。

────────────

参考文献
―

岡田美智男　2012『弱いロボット』医学書院。

谷口忠大　2010『コミュニケーションするロボットは創れるか──記号創発システムへの構成論的アプローチ』NTT出版。

谷口忠大　2014『記号創発ロボティクス──知能のメカニズム入門』講談社。

谷口忠大　2020『心を知るための人工知能──認知科学としての記号創発ロボティクス』共立出版。

パース，C・S　1986『パース著作集2 記号学』勁草書房。

ユクスキュル＆クリサート　2005『生物から見た世界』岩波文庫。

なぜわたしたちはスマートスピーカーと話し続けないのか
人工知能とユーザが関係性を構築するために

スマートスピーカーの「自律性」

　わたしたちが他者として認める「人間」たちはすべて自律的である。自律性そのものの定義に関しては広範な議論がある。ネオサイバネティクスの思想では自らを作り出すシステムの特性こそが自律性を有するシステムにとって本質的に重要であるという議論に基づき，設計された機械は自律性をもたず，自ら境界を作り出す生命のみが自律性を有するというような立場をとる。河島はこの自律性概念を他分野におけるより緩やかな自律性概念と区別するためにラディカル・オートノミーという言葉を導入している（河島 2019）。一方でロボティクスにおいては，人間に遠隔操作されずに動き続けることを「自律性」の重要な要素と，素朴にみなす。

　ペットロボットが遠隔操作されていたとき，わたしたちがそのペットロボットとコミュニケーションしたとして，そこに見出す他者性は遠隔地に存在する操作者に起因するだろう。スマートスピーカーに関しては，その質問応答が遠隔地にいる人間に担われていれば，それはもうただの電話だ。その意味で，話し続ける相手としての人工知能を考えるときには，ある程度の「自律性」はまず必要となる。とはいえ遠隔操作されていなければよいというものでもない。

スマートスピーカーは「能動性」をもって行動しているか

　自律性という言葉はしばしば「能動性」を内包する。自ら動くということは，人間からの働きかけを待たないということを意味する。スマートスピーカーは人間が話しかけないかぎり基本的には動作しない。基本的には受動的な存在である。これに対してAIBOは人間が何もしなくても突然動き出したりした。そこにわたしたちは「まるで生きているかのような感覚」を覚えるのだ。昔，私自身が仕事で机に向かっているときに，突然，椅子の脚に何かがガンガンとぶ

つかってきたので，何かと思って視線を落とせばAIBOだった，ということが
あった。まるで「かまってほしい」というように。

ともに生きるための「身体性」

　しばしばペットの犬や猫は「家族の一員」として捉えるし，描かれる。かれ
らは鳴き声などを用いてコミュニケーションするものの，人間の用いるような
文法や様々な機能をもつ「言語」を用いることはできない。それでも実環境に
身体をもって存在し，自律的に動き，人間と関わり続け，関係性を構築してい
るのだ。
　この意味で自律性と「身体性」（身体をもつこと）には切り離し難い緩やかな
つながりがある。実際のところスマートスピーカーと同じAIアシスタントはス
マートフォンのアプリとしても存在しているが，スマートスピーカーとしての
「身体」をもつことが，スマートフォンアプリ以上の存在感を与え，さらなる擬
人化を促しているように思われる。わたしたちは言語的なやりとりのなかだけ
に生きているのではなく，他者と相互作用しながら，この実世界環境のなかで
自律的に適応しながら生きている。ロボットが他者になれるか問うときに，人
間とロボットの二項関係のみにとらわれず，より広範な視野と，多面的な視点
で考えることが重要だろう。

参考文献

河島茂生編　2019『AI時代の「自律性」——未来の礎となる概念を再構築する』勁草書房。

Active Learning | アクティブラーニング 10

ロボットが感情／意識をもったかどうかをどうすれば判定できるか

ある企業が「我が社はロボットに感情／意識をもたせることに成功した！」と言ってロボットを発売したとする。さて，それは本当だろうか。ロボットが本当に意識や感情をもっているかどうかは，どう判定すればよいのだろうか。

Q.2

過去に発売されたペットロボットやコミュニケーションロボットを調査しよう

人間とコミュニケーションするロボットはこれまで数多く発売されてきた。しかしその多くは人々に受け入れられずに消えていった。その失敗には何かの意味があるはずだ。過去に発売されたペットロボット等を調査して，一例を具体的に取り上げ「何が足りなかったのか？」議論してみよう。

Q.3

他者になるロボットを開発するために必要なのはどんな技術だろう

わたしたちは多くのロボットを「他者」として認めていないように感じる。これは技術的な問題なのだろうか？　もしそうだとすれば，どうすればそれは克服できるのか？　できるだけ具体的に，その作り方について議論してみよう。

Q.4

自律的に行動するロボットが生む倫理的問題にどのようなものがあるか

ロボットが「他者」になるには一定の自律性が必要であろう。しかし自律性を有するロボットは，予想外の行動をすることもあるだろう。自律的に行動するロボットの存在が社会にもたらす，倫理的な問題について議論してみよう。

第11章

アニメーション・声優
フィクションを哲学する

稲岡大志

　本章では，アニメーションや声優の演技を哲学の観点で研究する方法について学ぶ。アニメーション自体が哲学の研究対象として取り上げられることは，これまではまれであったが，近年では図像や音声による表現やフィクション作品に登場するキャラクターに関する哲学的研究が盛んに行われており，こうした研究動向をアニメーション作品や声優の演技の分析に応用する可能性が開かれている。

　まず，フィクションを哲学的に考察する理論的枠組みとして近年高い影響力をもつケンダル・ウォルトンの「メイク・ビリーブ理論」を取り上げ，アニメーションに応用する道筋をつける。次いで，身体をもつ声優が身体をもたないキャラクターを演じるとはどういうことなのかを議論する基盤として，アニメーションのキャラクターの話し方には独特なものがある点を指摘する。さらに，声優の演技のうまさを考察するうえで「本人であることを意識させつつもキャラクターの声であることを感じさせることを妨げない」ことが重要であることを指摘し，アニメーションの鑑賞者による鑑賞経験に目を向けることを「アニメーション鑑賞経験の現象学」として特徴づけることで，アニメーションを哲学する枠組みを整えたい。

KEYWORDS #アニメーション #声優 #演技 #メイク・ビリーブ理論 #鑑賞経験の現象学

1｜メイク・ビリーブ理論とアニメーション

・

アニメーションがなぜ哲学の問題になるのか

　わたしたちがアニメーション作品を見るとき，ストーリーに一喜一憂したり，キャラクターの動きを味わったり，声優の魅力的な演技を堪能したりなど，実にいろいろな見方がある。他方で，アニメーション作品で描かれている世界と哲学の学説を関連づけて理解することができる。たとえば，『攻殻機動隊』（士郎正宗原作，押井守監督，1995年）は，その人の本質をなす魂（ゴースト）と交換可能な身体という「心身二元論」の立場が実装された社会を描いたものとしてみることができる。また，アニメーション作品には現実社会の様々な問題が描かれ，作品の鑑賞を通してこの社会について考えることもできる。『サザエさん』（長谷川町子原作，1969年〜）や『クレヨンしんちゃん』（臼井儀人原作，1992年〜）のような長い期間制作が続いている作品からは，描かれる家族像と現実の家族のあり方とのずれを見て取り，家族観の変化について考えることもできるだろう。また，『火垂るの墓』（野坂昭如原作，高畑勲監督，1988年）や『この世界の片隅に』（こうの史代原作，片渕須直監督，2016年）といった現実に起きた戦争を描いた作品を通して，平和について考えることもできる。さらに，『図書館戦争』（有川浩原作，浜名孝行監督，2008年）や『PSYCHO-PASS』（塩谷直義監督，2013年〜）のようなディストピアが描かれる作品からは，現実社会の問題点を学ぶこともできる。実際，大学の授業でアニメーション作品が教材として用いられることはそれほど珍しいことではないだろう。

　こうしたアプローチはどれも興味深いが，本章で強調したいのは，アニメーション作品の表現について考えることだ。もう少し具体的に言うと，本章の目的は，二次元映像であるアニメーションや音声のみを用いる声優の演技が作品世界やキャラクターを表現するとはどういうことなのか，を考えることにある。これまでアニメーションや声優が哲学の研究対象となることはほとんどなかった。しかし，哲学以外の領域では，アニメーションや声優に関する研究は着実に積み重ねられている。こうした知見を踏まえつつ，アニメや声優の演技について哲学することを試みてみよう。

ウォルトンのメイク・ビリーブ理論

　アニメーション作品を哲学研究の対象とする際に有効な理論のひとつとして，美学者のケンダル・ウォルトンが1990年の著作『ごっこ遊びとしての模倣』（邦訳『フィクションとは何か──ごっこ遊びと芸術』）で提唱し，現代哲学や分析美学といった領域で大きな影響力をもつ「メイク・ビリーブ理論」を紹介したい（ウォルトン 2016）。この理論は，小説，詩，漫画，映画，絵画など，様々なタイプの表象芸術を「メイク・ビリーブ（ごっこ遊び : make believe）」という観点から分析するものである。基本的なアイデアは，子どもたちが森のなかで切り株をクマに見立てる「ごっこ遊び」にある。森のなかを歩く子どもは切り株を見ると，クマに遭遇したという想像をして，足早に遠ざかる。ここで切り株はクマを表現する「小道具（prop）」となっている。そして，メイク・ビリーブ理論は，ごっこ遊びで切り株が小道具として果たす役割を，小説や詩や絵画が果たしているとみなすのである。たとえば，スーラの絵画『グランド・ジャット島』を見ると，二人連れが公園を散歩していることが分かるが，この絵画は「二人連れが公園を散歩している」という虚構的真理を生み出していると言える（ウォルトン 2016 : 36）。もちろん，小道具が虚構的真理を生み出すのは，慣習や取り決めなどに基づく場合のみである。子どものごっこ遊びで言えば，「切り株をクマとみなそう」という取り決めを子どもたちが共有しているからこそ，ごっこ遊びが成り立つのだ。こうした取り決めをウォルトンは「生成の原理」と呼ぶ。切り株をクマとみなすという取り決めを共有する者のみが，森のなかで切り株を見つけると「向こうにクマがいるぞ」という虚構的真理を確立することができる。絵画の場合では，表面の絵の具の集積がある世界での出来事を描いているものとみなすという生成の原理が働いている。

　このように，ウォルトンのメイク・ビリーブ理論は鑑賞者の想像行為に着目してフィクションを捉える理論である。絵画や文字といった創作物の基盤となる物理的な事物を，鑑賞者が虚構的真理を生み出す小道具であるとみなすことで，様々なジャンルのフィクションを考察できる見通しが得られるのだ。

・
ごっこ遊びとしてのアニメーション鑑賞

　ウォルトンは，メイク・ビリーブ理論を説明するに際して多種多様な例を提示するが，アニメーション作品を例として挙げてはいない。むしろ，実写作品は現実の俳優が登場する分，アニメーション作品よりも「生き生きとした（vivid）」想像ができるだろうとも述べている（ウォルトン 2016：27）。『ごっこ遊びとしての模倣』が出版されたのが1990年であることや，当時の海外での日本のアニメーション文化の受容状況などを考慮すれば，こうした評価は無理もないことだろう。とはいえ，メイク・ビリーブ理論を用いてアニメーション作品を考察することができないということではない。

　アニメーション作品には視覚情報と聴覚情報が含まれている。製作者はこうした異なる種類の情報を組み合わせてひとつの時間的幅をもつ映像を制作するが，作品を構成する情報のひとつひとつが小道具であると考えることができるだろう。実際，キャラクターの図像や声優の演技は鑑賞者がメイク・ビリーブする小道具として機能している。そして，そうした小道具に接した鑑賞者が虚構的真理を生み出すに際して依拠している生成の原理がどのようなものか，具体的に明らかにすることは興味深いことである。

　たとえば，動物系キャラクター「ちいかわ」たちの日々が描かれる『ちいかわ』（ナガノ原作，2022年〜）の第11話「ひとりごつ」で登場キャラクターの「ハチワレ」がギターを弾きながら歌うシーンでは，よく見るとハチワレの手がギターの弦に届いていない。それでも弦は震えているし，ハチワレの歌声は聴こえてくる。このシーンを見て，ハチワレが特殊な能力を駆使してギターを演奏していると受け止める鑑賞者はいないだろう。むしろ，アニメーション作品を見ることに慣れている者は，こうした描写を見ることで，「ハチワレがギターで弾き語りをしている」という虚構的真理を生み出すことができる。この虚構的真理をもたらす生成の原理とは，「キャラクターが楽器を演奏している仕草をすれば実際に演奏しているものとして想像する」であると考えられるだろう。

　アニメーション作品ではキャラクターの造形が現実のものとは異なったかたちでデフォルメされて描かれることが珍しくない。また，キャラクターの動作が省略して描かれることも少なくない。鑑賞者はこうした描写から作品世界で

起きていることを適切に想像することができるが，『ちいかわ』のケースでは，「アニメーションの動きに関する了解」に加えて，声優による歌唱音声を伴うことで，ハチワレの弾き語りの描写は「ハチワレがギターで弾き語りをしている」という虚構的真理を生み出すことが可能となっていると考えられる。

2｜アニメーションのキャラクターを哲学する

『名探偵コナン』問題

『名探偵コナン』（青山剛昌原作，こだま兼嗣・山本泰一郎・佐藤真人ら監督，1996年〜）は前節で述べたアニメーション鑑賞に際して多くの鑑賞者が共有している取り決めを比喩的な仕方で描いている作品である。この作品は，謎の組織によって身体が小学生の姿になってしまった高校生探偵工藤新一が江戸川コナンと名乗り数々の難事件に遭遇して謎を解くという筋書きをもっている。各エピソードのクライマックスの謎解きシーンでは，探偵という自身の正体を隠すため，探偵明智小五郎を麻酔銃で撃って気絶させて，物陰からボイスチェンジャーを使って小五郎の声を当てるというプロセスが毎回繰り返される。ネット上でもしばしばネタになっているが，当初，コナンは文字通り物陰に隠れて偽装をしているものの，だんだんと自分の姿を隠さなくなってきている。

　毎回登場するコナンの謎解きシーンは，あたかもアニメーション作品の「アフレコ」を思わせる。アニメーション作品の制作現場を実際に見たことがない者でも，台本を手にした声優がマイクの前で演技する様子はイメージできるだろう。クレジットを見れば，どのキャラクターの声をどの声優が担当したかが分かる。にもかかわらず，一般的なアニメーション鑑賞者は，キャラクターの音声をあたかもそのキャラクターの音声であるように聴き取る。『名探偵コナン』の謎解きシーンも同様である。その場に居合わせた者はすべてコナンが声を当てていることに気づくことができる状況にある。しかし，コナンが声を当てているという事実をあえて無視しているのである。

　このように，『名探偵コナン』のアニメーションは，声優がその身体を隠さないままアニメーション作品の演技を行い，それを見ている者は違和感を覚えないという，アニメーション鑑賞のモデルとしても解釈することができる。

声優の話し方の独特さ

　アニメーション作品を見続けていると，キャラクターを演じる声優が独特の話し方をすることに気がつくのではないだろうか。実際，アニメーションのキャラクターの話し方は現実のわたしたちの話し方とはかなり遠い。キャラクターが身体を動かす際に「あっ」「うっ」「はっ」というような声を発することも珍しいことではないし，恐ろしい場面に遭遇したとき「うわ！」「きゃー！」という悲鳴を出すことも珍しいことではない。アニメ声優や洋画の吹き替えを多く務め，声優学校で指導も行う神谷明は，こうした現実離れした演技が声優に求められる理由を「声の演技だけですべてを理解させること」に求めている（神谷 2009：61）。身体全体を用いて演技をする俳優とは異なり，声優は，キャラクターの性格や行動だけではなく，シーンの雰囲気なども声による演技によって表現することが求められている。「あっ」「えっ」といった声は，キャラクターの反応を通してシーンを鑑賞者に伝えるという役割も担っている。したがって，「きちんと状況を伝えること」が求められるアニメーション声優は，実写の映画やドラマとは異なる，それ独自の話し方をすると考えることができるのだ。

　また，声優の独特の話し方の特徴として，シーンの雰囲気を伝えるという点に加えて，キャラクターの感情を表現するという点も挙げることができる。もちろん，セリフ内容もキャラクターの感情を表現するが，それに加えてセリフの「話し方」によっても繊細な感情が表現される。例として，『トロピカル〜ジュ！　プリキュア』（東堂いづみ原作，土田豊シリーズディレクター，2021〜22年）に登場するキャラクター「くるるん」を参照してみたい。プリキュアたちのマスコット的キャラクターであり，アザラシのような外見をしたくるるんは，セリフとして発するのは「くるるん」のみである。くるるんの声を当てる田中あいみは，様々な感情を込めて「くるるん」というセリフを発する。実際に作品を見てもらいたいのだが，田中は「くるるん」というたった一言のセリフの話し方を微妙に調整することで，くるるんというキャラクターの実に繊細な感情を巧みに表現することができているのだ。

　こうした「声優独自の話し方」を会得することが容易ではないことは，声優の訓練を積んでいない人が声優を務めるとき，より如実に現れる。たとえば，

俳優やアイドルやお笑いタレントなどをゲスト声優として起用する作品を鑑賞すると，どうしてもゲスト声優の演技に違和感を覚える人は少なくないだろう。音声のみで演技をする声優に求められる技能は，身体を使って演技をする映画やドラマの俳優に求められる技能と同じものではないことは容易に予想できる。したがって，アニメ声優に特有の技術をもたない俳優がアニメのキャラクターに声を当てると違和感が生まれてしまう。

　このように，アニメーション声優の話し方の独特さは，アフレコスタジオでマイクの前で台本を手にして，音声のみで演技をするという表現形式に由来するものである。実際，声優の演技の独特さは，ラジオでの声優の話し方と聴き比べてもよく分かる。たとえば『からかい上手の高木さん』（山本崇一朗原作，赤城博昭監督，第1期：2018年，第2期：2019年，第3期：2022年）の「高木さん」役の高橋李衣は，高木さんの演技としてはとても落ち着いてゆっくりとした話し方をするが，同番組放送時に連動して配信されたラジオ『TVアニメ『からかい上手の高木さん』Presents からかい上手の高"橋"さんラジオ』（アニメの放送に連動して2018年と19年に音泉にてウェブ配信）では，早口で喋り，アニメの高木さんとはかなり遠い印象を受ける。同じ声優でもアニメのアフレコとラジオとでは話し方が異なるのだ。

・・
アニメキャラクターの存在論

　アニメーションの哲学として，アニメーションに登場するキャラクターや作品で描かれる世界といった存在者について研究することもできるだろう。アニメーションに登場するキャラクターは映像と声によって表現されているが，しばしば，記号的な表現が用いられる。たとえば，キャラクターが怪我をすると，顔に赤い線が入ることで怪我が表現される。また，コミカルな場面ではキャラクターの等身が小さくなって描かれることもある。1990年代から2000年代にかけて流行したいわゆる「萌えアニメ」では，キャラクターの造形が猫耳やアホ毛といったパーツの組み合わせで表現されていたが，こうしたキャラクターが「記号的」と呼ばれることもある（マンガ研究の分野ではこうした「記号」に関する研究が盛んである）。また，予算や制作スケジュールなどの事情でキャラクターの絵が崩れて描かれるときもあるが，それでも鑑賞者はそれがどのキャラクター

なのか，きちんと認識できる。ウォルトンのメイク・ビリーブ理論に依拠するならば，単なる赤い線や声優の音声が鑑賞者にキャラクターの怪我やキャラクターの同一性を想像させる小道具として機能していると考えることもできるだろう。

　キャラクターの視覚上の特性と同じように，声優の演技にも「記号的」と言える側面がある。キャラクターの性格に合わせて甲高い声を発したりするのは記号的な演技だ。いわゆる「ツンデレ」キャラを多く演じる釘宮理恵はこうした記号的な演技を得意とするタイプの声優と言える。また，田村ゆかりのように，お嬢様キャラ，ツンデレキャラ，シリアスキャラといった複数の記号的な演技を使い分けるタイプの声優もいる。演技のテンプレートはアニメーションキャラクターのビジュアル的側面のように，視覚的に認知できるものではないため，分類が難しいが，キャラクターの性格に対応するかたちで理解することができるだろう。

3 │ 声優の演技を哲学する
...
音声表現の意味論

　アニメーション声優の音声は何を意味するか。もちろん，作品に登場するキャラクターの音声である。では，声優の音声はキャラクターの音声をどのようにして意味するのか。ここでは関連する研究を手がかりにして声優音声の「意味論」について考えてみよう。

　人が発する音声からわたしたちはその人の属性や心理状態などについて多くのことを知ることができる。音声は，年齢や性別など，発話者の生理学的特徴や発声の仕方などを示す情報（話者情報）と，発話者自身の同定に関わる情報（個人性情報）の2種類の情報を含んでいる（林 2019）。見知らぬ人の声でも，聴くだけでその人の性別や年代が分かるのは，話者情報が伝わっているということでもある。同じことは作品世界で発せられるキャラクターの音声にも当てはまる。つまり，キャラクターの音声から，上で触れた「ツンデレキャラ」や「クズキャラ」といったキャラクターの属性も知ることができるし，そのキャラクターを同定するに足りる情報も知ることができる。

　声優は生まれもった声質と話し方によってキャラクターの話者情報と個人性情報を表現する。しかし，声優の音声の話者情報と個人性情報のそれぞれがキャラクターの音声の話者情報と個人性情報に対応しているわけではない。アニメのキャラクターの話し方はわたしたちの日常的な話し方とは異なるものである。したがって，声優がキャラクターを演じるためには話者情報を伝える声質がキャラクターと同じである必要はない。実際，声優が自分と異なる性別や年齢のキャラクターを演じることは珍しいことではない。むしろ，声優は，生まれもつ声質ではなく，話し方を調整することでキャラクターの個人性情報を表現すると考えることができる。

　キャラクターの声質と話し方を表現するためには声優の話し方が重要となる点は，「普通の人」を演じることの難しさからも理解することができる。『いぬやしき』（奥浩哉原作，さとうけいいち総監督，2017年）の女子高生役を演じた上坂すみれは，他の声優は職業声優ではない役者が多く，「普通の話し方に苦労した」と言っている（『上坂すみれのハートをつければかわいかろう』文化放送，2018年1月14日放送，ラジオ番組）。キャラクターの普通の話し方は普通に話すだけでは表現できないのである。

　また，声優の声質と話し方が一体となってキャラクターを表現していること，そしてそれを継続させることの難しさは，以下の例からも理解できるだろう。『クレヨンしんちゃん』の主人公野原しんのすけの声優は2018年に矢島晶子から小林由美子に交代した。交代の理由として，矢島は「キャラクターの声を作る作業に意識が集中し，役としての自然な表現が出来にくくなってしまった為です」と説明している（テレビ朝日クレヨンしんちゃん公式サイト 2018）。しんのすけの声質（5歳児にしては低い声）と話し方（独特の抑揚のついた話し方）を自然に表現することに矢島本人が困難を感じたということは，声優が，自身の声質と技巧を凝らした話し方を用いてキャラクターの声質と話し方を伝える演技を継続することの難しさを物語ってもいる。

・・・

うまい演技・下手な演技

　アニメーションを鑑賞していると，声優の演技について「うまい」「キャラに合っている」「下手だ」「違和感がある」といった様々な感覚を抱くだろう。声

優には，セリフを単に滑舌よく読み上げるだけではなく，状況やキャラクターの感情なども踏まえたうえで，鑑賞者が作品世界に没入できるような演技をすることが求められる。では，うまい演技とはどのような演技だろうか。

　まず指摘できるのは，演技のうまさはチェックリストのようなかたちで評価されるものではないということだ。言い換えると，うまい演技すべてに共通する要素を列挙することはできないということでもある。実際，演技の「うまさ」は，声優の音声自体がもつ魅力やキャラクターや状況に応じた話し方の使い分けといった要素が複雑に関連して生じるものであると考えられる。たとえば，沢城みゆきや早見沙織のように，どんな作品に出演していても声を聴くだけで「この人だ」と気づくことができるタイプの声優もいれば，ファイルーズあいや戸松遥のように，作品や役によって声を使い分けるので，声を聴いただけではその人とは気づくことが難しいタイプの声優もいる。こうしたタイプの違いに応じて声優の演技の「うまさ」の特徴づけも違ってくる（佐藤 2016）。

　声を聴いただけでその声優が分かるという特徴は，声優ではないタレントなどが声を当てる場合にも当てはまる。この場合，決してうまい演技とは呼べないことが多い。つまり，その人の印象が全面に出すぎてしまい，キャラクターの声として聴くことが難しいのだ。声優の技量には，「本人であることを意識させるとしてもキャラクターの声であることを感じさせることを妨げない」という高度な技術が含まれていると考えることができる（稲岡 2016）。そして，こうした技術が発揮されることで「うまい演技」が生まれるのである。

・・・
アニメーション鑑賞経験の現象学

　ここまで本章では，アニメーション作品や声優の演技がもつ特徴を分析するための基礎的な考察を行ってきた。これらの考察は，キャラクターの図像や声優の音声がキャラクターを表現する仕組みを解明することを目指すものである。他方で，鑑賞者がアニメーション作品をどのように鑑賞しているかという点もアニメーションを哲学するうえでは重要な論点である。アニメ声優の話し方が独特なものであるように，アニメ声優の演技の聴き方にも独特なものがある。実際，アニメーションの鑑賞者はキャラクターの音声をそのキャラクター自身が発したものとして受け取りつつ，同時に，声優が発したものとしても受け取

る。声優の他の出演作品の演技と比較するという聴き方もできるし，同じ制作会社や監督の他の作品のキャラクターと比較することもできる。こうした鑑賞の仕方ができるからこそ，鑑賞者は作品世界に没入しつつ，アニメのファンたちと好きなキャラクターや声優について話すことができる。

　作品鑑賞という経験には，鑑賞者が映像情報と音声情報を知覚し，作品世界での出来事を表現したものとして受け取る過程が含まれているが，加えて，鑑賞者の主体的な態度が含まれていることも確かだろう。同じ作品であっても鑑賞者によって愛着を感じるキャラクターが異なることがありうるのは，主体的な態度が鑑賞経験に含まれていることを示している。意識に与えられた知覚情報から様々な感情がいかにして発生するのかを記述することは現象学と呼ばれる哲学の方法のひとつでもある（植村ほか 2017：7-2「美的経験，美的判断」）。アニメを見るときに感じる興奮や胸の高鳴りといった感情は作品やキャラクターに対する判断にどう関与しているのか，観賞経験自体の探求も試みるべきだろう。

参考文献
—

稲岡大志　2016「堀江由衣をめぐる試論——音声・キャラクター・同一性」『フィルカル』1（2）：112-140。

植村玄輝・八重樫徹・吉川孝編著，富山豊・森功次著　2017『現代現象学——経験から始める哲学入門』新曜社。

ウォルトン，K　2016『フィクションとは何か——ごっこ遊びと芸術』田村均訳，名古屋大学出版会

神谷明　2009『声優になるには——初歩からプロの技まで』学研プラス。

佐藤暁　2016「声優と表現の存在論——〈棒〉とは誰か」『フィルカル』1（1）：160-177。

テレビ朝日クレヨンしんちゃん公式サイト　2018「アニメ『クレヨンしんちゃん』野原しんのすけ役・矢島晶子さんの降板について」2018年6月1日，https://www.tv-asahi.co.jp/shinchan/contents/news/0092/（2023年2月13日閲覧）。

林大輔　2019「声優のキャラクター演技音声を用いた音声知覚に関する実験研究」『愛知淑徳大学論集　人間情報学部篇』9：49-62。

Case Study | ケーススタディ 11

自分自身を演じる声優たち

　声優が本人役としてアニメに登場するケースがある。本人役として出演するということは，キャラクターを演じる場合とは異なって，「演技」を必要としないように思われる。むしろ，声優が演技をせずそのままセリフを話すことが演技として成立するようにも考えられる。本章で述べたように，アニメのキャラクターの話し方は現実のわたしたちの話し方とは異なるものだが，では，声優が自身を演じる際に「アニメ声優の話し方の独特さ」はどう発揮されているのだろうか。いくつかの事例を通して検討してみたい。

　『Re：CREATORS』（広江礼威原作，あおきえい監督，2017年）のヒロインであるセレジア・ユピティリアを演じる小松未可子は，本作品で本人役としても出演している。虚構のキャラクターが現実世界に登場するという設定のアニメであるため，主演声優が作品内に登場し，その声優を本人が担当することはちょっとしたお遊びであるが，自分を演じることについて，小松自身は以下のように述べている。

　セレジアはわりと「演じる」という感覚がなかったキャラクターで，声のトーンも普段とそんなに変えていなかったんです。そんなこともあって，逆に「アニメになった小松ってどういうしゃべり方をするんだ？」というところで悩んでしまって（笑）。普段，ラジオやイベントでしゃべっているときのテンション高い感じの私なのか，いま，こうして取材でお答えしているような，話している小松の延長線上で演じるべきなのか。いろいろと悩んだ結果，普段の120％くらいのテンションで，イベントバージョンの小松として演じたら，「あの，もうちょっと可愛い感じでお願いします」とディレクションがあって……（笑）。

（『Re：CREATORS』公式サイトより。傍点は引用者）

　このように，小松自身は，アニメに登場する自分を演じるに際して，話し方を変える必要があることを自覚している。自分自身を演じる場合でも，アニメ特有の話し方をしなければ，鑑賞者に違和感を与えかねないのである。

　次は，実写作品に声優が自身の役として出演した例として，実写ドラマ『声ガール！』（テレビ朝日，2018年）を参照してみよう。福原遥が演じる新人声優の菊池真琴がスタジオで悩みを相談しアドバイスを受ける先輩声優として，戸松遥が本人役で出演している。菊池は『ハピネスチャージプリキュア！』（東堂いづみ原作，長峯達也シリーズディレクター，2014〜15年）の熱心なファンであるが，毎回相談する先輩声優がこの作品に氷川いおな役で出演していることに気づいていない。第6話「浪川大輔……降臨!?」では，菊池と戸松が会話をしているところに本人役で出演している浪川大輔が通りかかり，「戸松」と声をかける。これを聞いた菊池は，初めて目の前の先輩声優が戸松遥であるということに気づく。

　どちらの事例からも，自分を演じる声優が普段の話し方ではなく，アニメというメディアに特有の話し方をすることが分かる。そして，声優の声を聴く際にも，アニメと実写とでは「聴き方」も変わるのである。

参考文献

広江礼威／小学館・アニプレックス『Re：CREATORS』公式サイト「Re：CREATORS キャストインタビュー #07 小松未可子」https://recreators.tv/special/interview/cast_interview_07.html（2023年2月13日閲覧）。

Active Learning | アクティブラーニング 11

Q.1

他ジャンル作品との比較をしてみよう

小説やマンガなどの原作をもつアニメーション作品を鑑賞して，キャラクター
や状況の描かれた方にどんな違いや工夫があるか調べてみよう。

Q.2

作品分析をしてみよう

具体的なアニメーション作品を鑑賞して，特定のシーンについて，メイク・ビ
リーブ理論を用いた説明をしてみよう。鑑賞者が虚構的真理を生成できる原理
を記述してみよう。

Q.3

声優分析をしてみよう

具体的な声優について，出演作品を鑑賞し，その声優の演技の特徴を説明して
みよう。キャリアの長い声優や海外ドラマや外国映画の吹き替えも務める声優
であれば，時期や媒体により，演じ方にどんな違いがあるのか，明らかにして
みよう。

Q.4

声優の著書を読んでみよう

声優が自身の仕事について語る書籍や雑誌やウェブ上に掲載されているインタ
ビュー記事などを読んで，声優自身が「演じること」をどう捉えているのかを
レポートとしてまとめてみよう。

第12章

スポーツ倫理
フェアプレイを救い出すことはできるか

———

林　芳紀

　スポーツの試合のなかで競技者に求められる倫理とは何か。おそらく多くの人の脳裏に浮かぶのはフェアプレイだろう。しかし，それが具体的に何を意味するのかは必ずしも定かではなく，捉えどころがないようにも思われる。

　他方で最近は，フェアプレイはもはや死に絶えたとか，たんなる幻想であるという声も喧しい（稲垣 2007）。フェアプレイという概念は，19世紀英国のパブリックスクールを舞台に繰り広げられた，運動競技に道徳教育の手段としての有効性を認めてその積極的な活用を図る，筋肉的キリスト教（Muscular Christianity）と呼ばれる思潮を淵源としている。しかし，スポーツの国際的な普及とその商業主義化が進行した現在，ある時代・ある国の特権階級の価値観の反映にすぎないフェアプレイなど，擁護するに値するのだろうか。そもそもスポーツには本来的にフェアプレイと馴染まないところがあるのではないか。

　本章では，スポーツの試合とは何を目的とした営みなのかという哲学的な問題の検討を通じて，フェアプレイとは何か，何でありうるかという問題を明らかにするとともに，勝利至上主義の傾向が著しい現在のスポーツのなかでフェアプレイを救い出すには，今後どのような考察が必要とされるのかを示したい。

KEYWORDS　#フェアプレイ　#スポーツ哲学　#卓越性　#失敗した試合　#勝利至上主義

1 | 捉えどころのないフェアプレイ

・

フェアプレイとルール遵守

　スポーツ競技会開会式の選手宣誓と言えば、「宣誓、われわれは、フェアプレイの精神に則り……」という常套句がすぐさま思い浮かぶくらい、フェアプレイという言葉は世の中に広く浸透している。つまり、あらゆるスポーツの競技者に求められる最も基本的な倫理がフェアプレイであるということは、もはや世間の共通理解とも言えよう。しかし、具体的に競技者のどのような振る舞いがフェアプレイに当たるのだろうか。

　この問いに対して、フェアプレイとはその競技のルールを遵守すること、少なくとも故意に反則行為を犯さないことだという意見が挙がるかもしれない。なるほど、仮にサッカーの試合で競技者が自由に手を使ってボールを扱い始めたとすれば、それはもはやサッカーとは呼べなくなるだろう。その事実からも分かるように、様々なスポーツ競技のルールは、たんに競技者が試合のなかでどのように行動できるかを規制しているのみならず、ある活動を特定のスポーツの一競技として成り立たせるという重要な役割を果たしてもいる。そこからしても、スポーツの競技者に求められる最も基本的な倫理とはルール遵守であり、それこそがフェアプレイの意味だという意見が成り立ちそうである。

　ならば、フェアプレイの意味するところはルール遵守に尽きるのだろうか。次のような事例を考えてみよう。

　現在、サッカーの試合途中に負傷者が現れたさいには、たとえ相手チームの競技者が負傷している場合であっても、故意にボールを外に蹴り出し、試合の進行を止めたうえで、負傷者の処置に当たることが慣例となっている。また、相手チームのスローインなどから始まる試合再開時には、まずは相手チームからボールを返してもらったうえで、本格的なプレイを再開するのが普通である。

　しかし、仮にこの場面で相手チームがボールを返すことなく味方にパスし、即座に攻撃を始めたとしよう。公式ルール上は、この相手チームのプレイは反則には当たらない。にもかかわらず、おそらく多くの人の眼には、それはフェアプレイに反する振る舞いとして映るのではなかろうか。もしそうであれば、

フェアプレイはルール遵守に尽きているとは言えないのではなかろうか。

・

フェアプレイと慣習の尊重

　これに対しては次のような意見が挙がるかもしれない。それぞれのスポーツ競技には、公式ルールとは別に、その競技の歴史を通じて培われてきた独自の慣習が存在し、先の事例で相手チームにボールを返すというのも、そうした非公式の慣習のひとつである。そして、フェアプレイが意味するのは、公式ルールとともにその非公式の慣習を尊重するということである。それゆえ、先の事例でボールを返さずに攻撃を仕掛けるというプレイは、たとえ公式ルール上は反則に当たらないとしても、現在のサッカー界で広く受け入れられている非公式の慣習を尊重していない点で、やはりフェアプレイに反しているのだ、と。

　確かに多くのスポーツ競技には非公式の慣習が存在し、またその慣習は、ルールブックには明記されていないにせよ、当該競技の参加者であれば当然従うべきことがらとして長らく受け入れられてきたからこそ、慣習として定着しているはずである。その事実を踏まえれば、試合のなかで競技者に求められているのは公式ルールと非公式の慣習をともに尊重することであり、それがフェアプレイの意味するところだという意見ももっともらしく思われる。

　しかし、本当にそれだけでフェアプレイの意味は十分に汲み尽くされているだろうか。言い換えれば、公式ルールだけでなく非公式の慣習も参照しさえすれば、何がフェアプレイに当たるのかはもはや一目瞭然となるだろうか。

　必ずしもそうは言えないだろう。たとえば、米国など諸外国の野球には、試合途中ですでに得点の大差がついた場合、優勢な側のチームはさらに貪欲に攻め続けるべきではないという非公式の慣習が存在する。他方、日本の野球では同様の慣習が定着しているとは言いがたく、大差がついたからといって手加減するのはむしろ相手チームに失礼だという意見さえ聞かれる。このように異なる慣習をもつチーム同士が対戦した場合、どちらの慣習を尊重することがフェアプレイに当たるのかは、もはや誰にも分からなくなるだろう。

　日本野球と米国野球、さらには日本のプロ野球と高校野球のあいだにさえ異なる慣習が存在するように、同一競技であっても地域や競技レベルの差を超えて完全に同一の慣習が共有されているとは限らない。しかも、実際のスポーツ

の試合のなかでは，たとえば野球のサイン盗みのように確固たる慣習が定まっているとは言いがたく，ファンや観客はおろか選手や監督のあいだですら大きく評価が分かれるような，一見してアンフェアかどうかの判別がつかないプレイも頻繁に現れる。このような現状を背景とするかぎり，ただ公式ルールと非公式の慣習を参照するだけでは，試合のなかで競技者はどのように振る舞うべきなのか，何がフェアプレイに当たるのかを十分明確にすることはできないだろう。

2│スポーツの試合の目的からみたフェアプレイ

卓越性の追求と失敗した試合

　では，試合のなかで競技者に求められる倫理としてのフェアプレイをどうすれば明らかにすることができるのか。この問題に対して，これまでスポーツ哲学と呼ばれる研究領域では，そもそもスポーツの試合はどのような目的を有する営みなのかという哲学的な問いへと立ち返ることにより，スポーツの倫理を解明しようとする試みが積み重ねられてきた（その概説として，林ほか〔2021〕参照）。

　現在のスポーツ哲学の議論では，試合の目的が卓越性の追求にあるという点でおおむね意見の一致がみられる。これによれば，スポーツの試合とは，誰の（どのチームの）競技能力が卓越しているのか，要するに誰が「強い」のかを比較・決定することを目的とした，競争的な営みである。また，この見方に従えば，競技者の互いの卓越性＝強さが十全に発揮された結果として最終的な勝敗が決まる試合こそが，スポーツの試合の目的が首尾よく達成されているという意味で「成功した試合」，または「よい試合」として評価することができる。

　反対に，競技者の互いの卓越性＝強さの発揮が妨げられた結果，最終的な勝敗が競技者の卓越性＝強さを必ずしも正確には反映していないような試合は，上記の試合の目的が首尾よく達成されていないという意味で「失敗した試合」，または「悪い試合」である。たとえば，圧倒的な実力差のある競技者・チーム同士の対戦で，実力に勝る競技者・チームが試合中に数多くの凡ミスを犯しているものの，対戦相手の実力が劣るためにかろうじて勝利を収めたという場合，

その勝者・勝利チームの真の卓越性＝本当の強さが十全に発揮されたとは言いがたい。また，対戦相手を欺くような反則行為や誤審，対戦相手を翻弄する心理的な策略（いわゆるゲームズマンシップ）や諸々の不運などが勝敗を大きく左右した試合も，最終的な勝敗が勝者の真の卓越性＝本当の強さを正確に反映しているとは言いがたい。要するに，勝者がその勝利には値しないと考えられるような試合は，上記の試合の目的が首尾よく達成されていないという意味で，失敗した試合として評価することができるのである。

失敗した試合の観点からみたフェアプレイ

　以上のようなスポーツの試合の目的と，それに由来する成功した試合／失敗した試合の評価を踏まえれば，フェアプレイとは何かという問題に対して次のような回答を与えることが可能になる。もし，試合のなかで競技者に求められる倫理をフェアプレイと呼ぶのであれば，結局のところフェアプレイとは，上記の試合の目的が首尾よく達成されるような成功した試合の実現に努めること，少なくとも失敗した試合の防止に努めることであり，より簡潔に言えば，勝利が称讃に値するよう，試合のなかで振る舞うことである（サイモン 1994）。

　フェアプレイをこのように理解するならば，対戦相手を欺くような反則行為やゲームズマンシップなどは，勝者は本当に強かったとは断言しがたい失敗した試合を生み出す危険性があるため，当然慎むべきである。また，たとえば対戦相手が空港でロストバゲージに遭い，ゴルフクラブ一式を紛失したまま選手権会場に現れた一方で，自分は予備のクラブ一式をもっているという場合，その予備のクラブ一式を貸し与えることが望ましい。それは，ただ人間としての優しさや寛大さの現れとして望ましいだけでなく，むしろそうすることで試合の本来の目的が達成されるから，競技者が互いに自らの卓越性＝強さを発揮することを通じて勝敗が決定されるようになるからこそ，望ましいのである。

　さらに，この立場では，何が何でも勝利を追求しようとする過度の勝利至上主義は，フェアプレイに反するものとして非難されることにもなる。なるほど密かに反則行為を犯したり，心理的動揺を加えたり，予備のクラブを貸さなかったりするほうが，勝利の可能性を高めるという観点からすれば合理的かもしれない。しかし，そのような勝利至上主義的な態度は，スポーツの試合の第一義

的な目的が競技者の互いの卓越性＝強さの発揮・証明にあることを見失い，そ
れよりも自らの勝利を重視しようとする点で，誤りに陥っているのである。

3 │ 勝利至上主義の立場からみたフェアプレイ

勝利至上主義は本当に非難されるべきか

　むろん，フェアプレイをこのように理解した場合でも，アンフェアかどうか
の判別がつきにくいプレイはどうしても残り続けるだろう。しかし，それでも
このフェアプレイの見方は，試合のなかで競技者がどのように振る舞うべきか
についての系統的な考察を可能にし，何より，過度の勝利至上主義がなぜ誤り
に陥っているのかを明確に説明してくれる点で，たいへん魅力的に思われる。
しかし，この見方に対しては次のような反論も提起されている（川谷 2005）。

　なるほどスポーツの試合の目的とは，誰の競技能力が卓越しているのかを比
較・決定することにあると言えるだろう。しかし，この卓越性＝強さの比較・
決定という目的が本当に達成されるのは，競技者が互いに勝利を目指してプレ
イした場合に限られるはずである。実際，たとえばレクリエーションで行われ
るスポーツのように，参加者が必ずしも勝利を目指すことなくプレイする場合，
参加者の互いの卓越性＝強さは必ずしも十全に発揮されないだろう。したがっ
て，上記の試合の目的を達成するためにまずもって競技者に求められるのは勝
利の追求のはずであり，勝利至上主義が非難されるいわれなどない。

　むろん，この見解に対しては，それでも過度の勝利の追求は失敗した試合を
生み出すおそれがあるのだから慎むべきだという，先の非難が寄せられるだろ
う。それに対しても，勝利至上主義の擁護者は次のように再反論する。

　確かにわたしたちは，反則行為の見過ごしや誤審，運などが試合の勝敗を決
定づけた場合，そんな試合の勝者は勝利に値しないとか，本当に強かったのは
敗者だなどと考えたくもなる。しかし，このような，試合の勝敗とは無関係に
成り立つ卓越性＝本当の強さなるものを認めてしまうと，わざわざ試合を実施
して勝敗を決めることの意味が見失われてしまう。というのは，このような見
方をするかぎり，どのような試合結果に対しても，「仮にあの不運なゴールがな
ければ，仮にあのときたまたま調子が悪くならなければ，敗者が勝利していた

はずだ」などと言い募れてしまい，競技者の卓越性＝強さの比較・決定という試合の目的は永遠に未達成ともなりかねないからである。つまり，そもそも試合の目的は競技者の強さの比較・決定にあるにもかかわらず，たとえ試合を実施してもこの目的は永遠に達成されないかもしれないという，矛盾を孕んでしまうのである。このような不条理を回避するには，勝利に値するのは本当に強い者だけだなどと考えるのではなく，勝者こそが強いと考えざるをえない。

　この勝利至上主義的な見方に従えば，競技者の卓越性＝強さの唯一の判定基準とは試合での勝利にほかならず，その勝利に反映されないような競技者の卓越性＝本当の強さなるものは認めないというのが，スポーツの試合を成り立たせる根本思想である。また，だからこそ競技者は，負けにならないかぎりであらゆる手を尽くして勝利を追求すべきなのであり，そのかぎりでは反則行為やゲームズマンシップなどが非難されるいわれもない，ということにもなる。

スポーツ本来のえげつなさと建前としてのフェアプレイ

　以上のように，競技者に求められる最も基本的な倫理とは勝利の追求であると考える勝利至上主義の立場からすれば，社会一般の道徳の観点からすればどれほど「えげつなく」思えるようなプレイであっても，それが勝利の可能性を高める戦術の一部に収まるかぎり，何ら非難には値しない。実際，スポーツの試合のなかでは，たとえば相手の弱点を執拗に攻めたり，相手を騙して裏をかくといった，社会一般の道徳の観点からすれば眉をしかめたくなるような行為や態度が求められたり，称讃されたりもするが，それはひとえにスポーツの試合が競争，えげつない勝負事であるからにほかならない。要するに，この見方に従えば，スポーツの試合とは，社会一般の道徳とは異なった論理のもとに成り立つ，本来的に勝利至上主義的な営みなのである。

　しかし，その場合，フェアプレイはどうなるのだろうか。本章冒頭でも確認した通り，わたしたちはフェアプレイのことをあらゆるスポーツの競技者に求められる基本的な倫理と考えているが，そのフェアプレイの内実が，ときには反則行為に及んだりもするような一途な勝利の追求にあるとは考えにくい。その点からも，この勝利至上主義的な見方は間違っているのではなかろうか。

　勝利至上主義の擁護者は，この疑問に対してもきちんと回答を用意している。

それは，本来スポーツはえげつない勝負事だからこそ，かえってフェアプレイという「建前」が必要になるというものである（川谷 2008）。

　先の勝利至上主義の見方に従えば，本来スポーツとは勝敗を競い合う競争であり，そこで競技者に求められるのは一途な勝利の追求，ありとあらゆる手段を駆使して相手を倒すことである。またそれゆえ競技者は，社会一般の道徳の観点からすれば眉をひそめたくなるような振る舞いへと，往々にして及んでしまう。しかし，だからこそ競技者は，社会一般の道徳の観点からみて高い倫理性，フェアプレイの精神をかえって要求されることになる。というのは，本来的に勝利至上主義的なスポーツの論理は，他者との平和共存を基軸とする社会一般の道徳とは対立しており，そのような反道徳的・反社会的性質をどうにかして覆い隠さないかぎり，スポーツは社会的に指弾・弾圧されてしまうからである。つまり，本来スポーツはえげつない勝負事なのだが，そのえげつなさを隠蔽し，社会と調和させるためのいわば隠れ蓑として，競技者はフェアプレイの精神のもとに振る舞うという建前が必要とされているというのである。

　確かにスポーツの歴史を紐解けば，フェアプレイがそうした建前としての機能を果たしたと思しき事例も見出される。たとえば，一見すれば喧嘩や決闘と見紛うばかりの暴力性を有しており，しばしば法的な摘発の対象ともされてきた拳闘が，19世紀末の英国でボクシングというスポーツの一競技として合法化されるに至ったその背後には，ボクシングは一定のルールと慣習のもとに実施されており，相手に傷害を負わせようとする悪意からではなくフェアプレイ精神のもとに競技者がプレイする点で，喧嘩や決闘などとは一線を画しているという正当化の論理があったと言われる（松井 2007）。ならば，結局のところフェアプレイとは，ともすればえげつない振る舞いが横行しがちなスポーツを社会と調和させるための建前でしかありえないのだろうか。

4 │ フェアプレイを救い出すことはできるのか
・・・・
本当に勝者こそが強いのか
　前節で確認したように，フェアプレイを建前とみなす見解の背後には，スポーツの競技者に求められる最も基本的な倫理を一途な勝利の追求とみなす，勝利

至上主義的なスポーツ観がある。また，この勝利至上主義が説得力をもつその背後には，競技者の卓越性＝強さの唯一の判定基準とは試合の勝利にほかならず，勝利に反映されないような競技者の卓越性＝本当の強なるものは認められないという，試合の勝敗と競技者の卓越性＝強さとの関係をめぐる見解がある。したがって，もし勝利至上主義の攻撃からフェアプレイを救い出し，それに建前以上の地位を付与しようと思うのであれば，勝利至上主義の根底に横たわる「最終的な勝者こそが強い」という見解にメスを入れる必要があるだろう。では，この見解に対してどのように反論することができるだろうか。

　第一に，もし競技者が自らの卓越性＝強さを証明する手段は試合での勝利以外にありえないのだとすれば，敗者とは自らの卓越性＝強さを示すことに完全に失敗した人にほかならない。つまり，この見解に従えば，終盤に至るまで一進一退の伯仲した試合を演じたあげく，僅差で敗北を喫したという場合ですら，敗者は自らの強さをまったく示せなかったと考えざるをえない。しかし，そのような選手やチームは，負けはしたけれども互いに自らの強さを示し合った，負けたけれどもよい試合を演じたというのが，わたしたちの通常の見方ではなかろうか。またそのかぎりでは，試合での勝利が競技者の卓越性＝強さの唯一の判定基準であるという見解は疑わしく思えるのではなかろうか。

　第二に，もし試合の勝敗とは無関係に成り立つ卓越性＝本当の強なるものが認められないとすると，なぜスポーツではしばしばルールが改正されるのかが説明困難になると思われる。スポーツのルールは決して永久不変ではなく，時代の経過につれて大小の改正が加えられていることが多い。その改正の理由としては，安全性や時間制限その他の便宜的な要因もある一方で，なかには競技者の卓越性＝強さの発揮に関係するような，より本質的な要因もある。

　たとえば，現在バスケットボールには，攻撃側チームの選手が相手ゴール前の制限区域に3秒以上留まることを禁止するルール（3秒ルール）がある。このルールは，高身長の選手が相手ゴール前に留まって得点を稼ごうとする戦術が出現したために，新たに導入されたと言われる。本来バスケットボールとは，ドリブル，パス，シュート，リバウンドなどの技能を総合的に競い合う競技である。ところが，高身長の選手がゴール前に留まることを許してしまうと，シュート中心の試合展開へと競技の性格が変化してしまうのである。

このように，新たな戦術や用具の出現は，当該競技で発揮されるべき技能とは別の技能の（あるいは，一部の技能だけの）比重を大きくし，その競技の性格を著しく変えてしまうことがあり，そのような変化を防止するためにルールが改正されることがある。しかし，そのような理由からルールを改正するためには，そもそも当該競技では主にどのような技能が競われるべきなのか，その競技の中心的な卓越性＝強さとは何かという点についての理解が前提とされなければならないはずである。つまり，競技者が試合のなかで発揮することを求められる卓越性＝強さについての理解は，実際の試合の勝敗とは独立に成立しているのであり，そのような理解を体現させるべく組み立てられているのがスポーツ競技のルール（の主要部分）である，とも考えられるのである。

・・・・
フェアプレイ救出の可能性

　最終的な試合の勝敗とは無関係に成立し，競技者が試合のなかで発揮することを求められているような卓越性＝本当の強さなるものは存在するし，競技者は，たとえ最終的に敗北を喫したとしても，自らの卓越性＝強さを発揮することができる。もしこのようにして卓越性＝強さを試合の勝敗から切り離し，卓越性＝強さの追求を勝利の追求よりも優越する目的として位置づけられるのであれば，勝利至上主義の攻撃からフェアプレイを救い出すことができるだろう。

　そうして救い出されたフェアプレイとは，あらゆる手を尽くして勝利を追求しようとする競技者のえげつなさを覆い隠すための「建前」でもなければ，ただひたすら公式ルールや非公式の慣習を尊重しようとする態度でもない。むしろそれは，公式ルールや非公式の慣習として体現されているような当該競技の卓越性を理解し，その卓越性そのものを自らのプレイや行動を通じて尊重しようとする態度であると言えよう。審判はルールの文言を字義通りに受け取って杓子定規に適用するのではなく，ルールの精神に従わなければならないとはよく言われるところだが，競技者もまた率先してルールの精神を理解・解釈し，自らのプレイや行動に反映させようとする態度が求められるのである。

　むろん，これに対しては，勝利至上主義の立場からの再反論も考えられる。たとえば，バスケットボールで競われるべき中心的な卓越性＝強さとは，チーム全体としての総合的な得点能力や相手の得点を防ぐ能力の卓越性＝強さであ

り，ドリブルやパスやシュートの技能はその部分的構成要素にすぎないと考える場合，たとえシュート中心の試合を演じたとしてもそれでチーム全体の得点能力が増すのであれば，卓越性＝強さは相変わらず発揮されているとも言える。つまり，「相手チームよりも多く得点をあげれば勝ち」といった勝利条件そのものを当該競技の中心的な卓越性とみなす場合には，卓越性＝強さの追求は勝利の追求と完全に合致し，勝利至上主義が導出される。他方で，勝利のために必要とされるより具体的な技能の数々を中心的な卓越性とみなす場合には，失敗した試合を悪い試合とするスポーツ観が導出されるのである。

　いずれにせよ，以上の議論から分かるのは，個々のスポーツ競技において競われるべき中心的な卓越性＝強さとは何か，またどうすればその卓越性＝強さが発揮されたことになるのかという問題には大いなる解釈の余地があり，その解釈の相違に応じて勝利至上主義的なスポーツ観を擁護することもできれば，そうでないスポーツ観を導出することもできるということである。したがって，もしフェアプレイに建前以上の地位を付与することを望むのであれば，卓越性をめぐるこれらの問題に対する整合的で説得力のある解釈を提示することにより，勝利至上主義の何が間違っているのかを明らかにする必要があるだろう。このように，フェアプレイとは何かをめぐる問題の奥底には，スポーツとは何か，何であるべきかをめぐる重大な哲学的問題が潜んでいるのであり，そこにスポーツを哲学的に考察する意義が認められよう。

参考文献

稲垣正浩　2007「〈フェアプレイ〉幻想批判」中村敏雄編『現代スポーツ評論 16』創文企画，30-45頁。

川谷茂樹　2005『スポーツ倫理学講義』ナカニシヤ出版。

川谷茂樹　2008「スポーツマンシップ／フェアプレイ」加藤尚武編集代表『応用倫理学事典』丸善，858-859頁。

サイモン，R・L　1994『スポーツ倫理学入門』近藤良享・友添秀則代表訳，不昧堂出版。

林芳紀・伊吹友秀・KEITO　2021『マンガで学ぶスポーツ倫理──わたしたちはスポーツで何を目指すのか』化学同人。

松井良明　2007『ボクシングはなぜ合法化されたのか──英国スポーツの近代史』平凡社。

Case Study | ケーススタディ 12

戦術的ファウルはフェアプレイに反するか

　本章の冒頭で，フェアプレイ＝ルール遵守という常識的見解を紹介したが，故意の反則行為が常にフェアプレイに反するかどうかは意外に難問である。

　たとえば，バスケットボールやサッカーなどでは，自チームに有利な状況を作り出すために罰則覚悟で故意の反則が行われることがある。このような戦術的ファウル（strategic foul）と呼ばれる故意の反則行為は，フェアプレイに反するのだろうか。それとも，合理的な戦術のひとつにすぎないのだろうか。

　むろん，戦術的ファウルがルール違反であることには変わりがない。とはいえ，実際のところ一部の戦術的ファウルは，競技者，審判，観客の誰もが当然起こりうると予期されることから，試合の一部とみなされている現実もある。

　たとえば，バスケットボールでは試合終了間際の時間帯に，僅差で負けそうなチームが故意にファウルを行うことがあり，これはファウルゲームと呼ばれる一種の戦術とみなされている。そうすると，少なくともこのファウルゲームのように，その競技において非公式の慣習の一部とみなされている戦術的ファウルについては，フェアプレイに反するものではないとも考えられる。

　しかし，これに対しては次のような反論も提起されている。

　まず，スポーツの試合のなかで発揮される技能は，構成的技能と回復的技能に大別される。構成的技能とは，ある競技をその競技たらしめている技能，その競技のなかでテストが目論まれている技能であり，バスケットボールの場合であればドリブル，パス，リバウンド，シュートなどが該当する。一方，回復的技能とは，反則後の原状回復のために用いられる技能であり，バスケットボールのフリースローやサッカーのペナルティキック（PK）などが該当する。また，構成的技能と回復的技能を比較した場合，一般的には回復的技能よりも構成的技能のほうが，より多くの能力が必要とされる複雑な技能である。

　以上を踏まえると，戦術的ファウルの不正さは次のように説明することがで

きる。戦術的ファウルは，構成的技能を行使した結果として試合の結果が決まるのを妨げ，さほど複雑でもなければ難しくもない回復的スキルに試合の結果が大きく左右されることを許してしまう。要するに，戦術的ファウルは，過度の勝利至上主義に陥るあまり，競技者やチームの中心的な卓越性＝強さがきちんと発揮されるのを妨げ，試合を台無しにしているとも考えられるのである。

　むろん，この反論に対しては，すぐさま次のような再反論が思いつく。

　第一に，回復的技能が構成的技能よりも複雑さや難しさの面で劣っているとはかぎらない。たとえば，至近距離でゴールキーパーと対峙するサッカーのPKは回復的技能であるとはいえ，高度な技能が要求されるプレイであろう。

　第二に，上の見解には，試合の結果が回復的技能によって大きく左右されるのは望ましくないという前提があるが，その前提自体が疑しい。たとえば，構成的技能の面でおよそ拮抗し合うチーム同士が試合を行い，試合の終盤に至って回復的技能の差で勝敗がついた場合，回復的技能が上回るがゆえに勝利を収めたのでは本当に強いチームとは言えない，などとは考えにくいだろう。

　しかし，以上の再反論を認めてもなお，いかなる戦術的ファウルであれフェアプレイに反するものでないとは断言できないだろう。たとえば，サッカーは比較的得点が決まりにくい競技であり，1点が試合の勝敗を大きく左右しやすい。そのサッカーで，あるチームが相手の決定的な得点機会を阻止するために戦術的ファウルを行い，相手がPKを外したために勝利したという場合，反則を用いることで相手の卓越した構成的技能を台無しにしたそのチームが，本当に強かったと言えるだろうか。やはりフェアプレイを考えるためには，個々の競技の中心的な卓越性＝強さについて，詳細に考えてみる必要があるだろう。

Active Learning | アクティブラーニング 12

Q.1

フェアプレイに反すると思われる振る舞いの具体例を調べてみよう

現実のスポーツで発生しその賛否が争われた，フェアプレイに反すると思われ
る振る舞いを調べてみよう。また，それが明らかな公式ルール違反かどうか，
戦術的ファウル（ケーススタディ参照）に当たるかどうかを考えてみよう。

Q.2

スポーツ競技のルールや慣習を調べて，中心的な卓越性を考えてみよう

Q.1の具体例が発生したスポーツ競技について，その公式ルールや非公式の慣習
を調べてみよう。そのうえで，そもそもその競技では主にどのような技能が競
われるべきか，その競技の中心的な卓越性＝強さとは何かを考えてみよう。

Q.3

フェアプレイに反すると思われる振る舞いが慣習化した場合を想像してみよう

Q.1で取り上げた振る舞いについて，その振る舞いがその競技のなかで非公式の
慣習として定着し，競技者・審判・観客の誰もが当然起こりうるものと予期し
うることから，試合の一部となった場合を想像してみよう。その場合，その競
技の性格は，現在とは違ったものに変化しているかどうかも考えてみよう。

Q.4

ルール改正が必要か，必要な場合にはどう改正されるべきか，考えてみよう

以上の検討を踏まえて，その振る舞いを規制するために公式ルールの改正が必
要かどうか，必要な場合には，具体的にどのように改正されるべきか（新たに
反則を設けるべきか，罰則をどこまで厳しくすべきか，など）を考えてみよう。

第13章

eスポーツ
コンピュータ・ゲームと競技の本質

岡本慎平

　本章では，コンピュータ・ゲームの対戦をスポーツ競技の一種として捉える「eスポーツ」に伴う哲学的問題を考察する。「eスポーツ」という言葉は2010年代後半より世界的に大きく広まった一方，eスポーツと従来のスポーツの相違については様々な哲学的論争が存在する。eスポーツは様々な面で従来のスポーツと類似するが，従来のスポーツと異なる側面もある。哲学者たちは，様々な観点からeスポーツと従来のスポーツの共通点と相違点を探ってきた。

　本章では三つの観点からこれらの問題を考察する。第一の問題は身体性である。従来のスポーツでは身体技能の競争という側面が強調されてきたが，eスポーツの場合はどうだろうか。第二の問題はeスポーツとルールの関係である。従来のスポーツとeスポーツでは，ルールの位置づけが大幅に異なるのではないか。これらの論点を整理したうえで，eスポーツについての哲学的考察が，ひるがえって「スポーツとは何であり，何であるべきか」という競技の本質をめぐる問いに新たな光を当てることを確認する。

KEYWORDS　#eスポーツ　#スポーツ哲学　#身体性　#ルール　#オリンピズム

1 ｜ビデオゲームとeスポーツ

・

ゲーム大会からeスポーツへ

コンピュータ・ゲームの歴史上，最初のヒット作として知られている『ポン』（1972年）は，二人のプレイヤーが画面に表示される「ボール」を「パドル」で打ち合うという，卓球を模したゲームである（正確には，どちらかというとエアホッケーに近い）。相手が打ったボールを打ち返し，相手が打ち損ねればこちらの得点となり，逆にこちらが打ち損ねれば相手の得点。一定数の得点が貯まれば勝敗が決する。ルールは確かに卓球と類似している。だが，卓球と異なり，プレイヤーたちは実際にラケットを振るわけではなく，実際に動かすのは手元のコントローラを操作する指先ぐらいのものである。卓球の試合が「スポーツ」という活動に含まれることに疑問の余地はない。では『ポン』のような「卓球を模したコンピュータ・ゲーム」の対戦は，スポーツに含まれる活動だろうか。それともスポーツとは似て非なる活動だろうか。

スポーツとeスポーツの関係は，コンピュータ・ゲームの歴史の，まさに最初期から続く問題である。『ポン』にみられるように，人々は単にゲームを一人で楽しむだけでなく，他人と一緒にゲームを楽しんできた。ゲームが広く世間に普及するとともに，大規模な競技大会も開催されるようになっていった。

日本における例を挙げてみよう。『ポン』が世界で初めてヒットしたゲームだとすれば，日本発で初めてヒットしたゲームはタイトーの『スペースインベーダー』（1978年）だろう。『スペースインベーダー』自体は一人用のシューティングゲームである。しかし，その最高得点をめぐって，当時の若者たちは大いにそのプレイ技術を競い合った。任天堂からファミリーコンピュータが発売されると，コンピュータ・ゲームは各家庭で子どもたちに楽しまれるだけでなく，各自が鍛えた技術を披露し合う競技大会も開かれるようになった。有名なところでは，ハドソンが毎年指定の自社ソフトを使って開催していた「ハドソン全国キャラバン」などがあった。

1990年代には，カプコンの『ストリートファイター2』シリーズやSNKの作品群のヒットにより，対戦格闘ゲームのブームが巻き起こった。二人のプレイ

ヤーが互いの分身であるキャラクターを操作して，相手の体力が尽きるまで一対一で戦う対戦格闘ゲームというジャンルは，現在でも日本におけるゲーム大会の花形である。21世紀に入ると，ゲームセンターや各家庭だけでなく，インターネットを介して世界中の人々がゲームの対戦に従事し，その試合を観戦するようになっていった。

・

社会現象としてのeスポーツ

『スペースインベーダー』のような「最高得点の競い合い」であれ，対戦格闘ゲームのような「相手プレイヤーとの直接的な対戦」であれ，ゲームプレイの腕前の競争という点で違いはない。そして規模を拡大し続けるゲーム大会は徐々に制度化，組織化されていき，現在では「eスポーツ」と呼ばれることも多くなってきた。日本eスポーツ連合のウェブサイトでは，eスポーツについて次のような説明がなされている。

> 「eスポーツ（esports）」とは，「エレクトロニック・スポーツ」の略で，広義には，電子機器を用いて行う娯楽，競技，スポーツ全般を指す言葉であり，コンピュータ・ゲーム，ビデオゲームを使った対戦をスポーツ競技として捉える際の名称。
>
> （日本eスポーツ連合 2018）

eスポーツとは，広い意味では，コンピュータ・ゲームのプレイ全般を指す言葉であり，狭い意味では，団体が公認する大会で種目とされるゲームの試合を指す。だがどちらの場合であっても，eスポーツは「コンピュータ，ビデオゲームを使った対戦」を意味している。そしてこの「eスポーツ」という言葉をめぐって，それを歓迎する人々，それを単なる呼称とみなし，ゲームの本質とは無関係だと考える人々，そしてゲームをスポーツと呼ぶのは重大なカテゴリーミステイクだ，と批判する人々など，様々な反応がある。

・

eスポーツはどのようなスポーツなのか

eスポーツを，ゲーム大会の興行につけられる単なる呼称と考えるなら，そこに哲学的問題はほとんどないだろう。たとえば「スポーツフィッシング」や

「モータースポーツ」などの名称が定着していることを考えれば，コンピュータ・ゲームの対戦をスポーツと呼ぶことをわざわざ否定する必要はない。問題は，ゲームの対戦がこのような広義のスポーツ，つまり余暇に行われる趣味の活動であるかどうかではなく，狭義のスポーツ，つまり典型的にはオリンピック種目のような「近代スポーツ」活動に含まれるかどうかである。

　eスポーツは，実際に様々な世界的スポーツ大会で競技種目に取り入れられ始めている。たとえば2021年の東京2020オリンピックでは，そのプレイベントとして「オリンピック・ヴァーチャル・シリーズ（OVS）」というかたちで5タイトルのコンピュータ・ゲームの大会が開かれた。2022年の第19回アジア競技大会では，8タイトルのゲームが正式競技種目として実施された。つまり，eスポーツは現在，サッカーやバスケットボールのような球技，ボクシングや柔道のような格闘技，あるいは水泳や陸上競技などをスポーツと呼ぶのと同じ意味での「スポーツ」として扱われつつあるのである。

2 │ 従来のスポーツとeスポーツの相違

‥

eスポーツと従来のスポーツの差分

　このようにeスポーツを一種のスポーツとみなそうとする人々がいる一方で，eスポーツはスポーツではない，少なくとも従来のスポーツと重要な点で大きく異なっている，と主張する人々もいる。もちろん，何をスポーツに含めるかという問題は時代によって大きく異なるし，先に述べたように，スポーツの概念を最も広く捉えれば余暇に行われるあらゆる活動が含まれる。では，狭く捉えればどうなるだろうか。

　たとえばスポーツ哲学者のジム・パリーは，狭義のスポーツの典型例を「オリンピック型スポーツ」としたうえで，eスポーツはそのようなオリンピック型スポーツの特徴づけから外れていると主張した。パリーは（オリンピック型）スポーツを「人間の活動」「身体性」「技能の卓越性」「競争性」「ルールによる統御」「組織性」の6点で定義する（Parry 2018）。パリーの考えでは，コンピュータ・ゲームの対戦はこれらの条件のすべてを満たすわけではないので，少なくともオリンピック競技種目となるような諸々のスポーツとは異なるカテゴリー

に属する活動ということになる。

　これに類似しているが，高橋徹は様々な哲学者の近代スポーツの定義を整理して，スポーツの条件を「遊戯性，組織性，競争性，身体性」の四つの特徴にまとめている。それぞれについては以下のように説明されている。

　　この四つの構成要素のうち遊戯性とは，スポーツが日常生活とは異なる非日常の時間，空間のなかで行われる活動を意味している。組織性とは，制度性とも表現できるものであり，スポーツが成立するためにはルールの明確性や絶対性によって支えられなければならないことを意味している。三つ目の競争性は，スポーツでは必然的に競い合いが生じることを意味している（中略）最後の身体性とは，スポーツには身体的に熟練することや卓越した技能を身に着けるという性質が伴っていることを意味している。　　　　　　　　　　　　（高橋 2018 : 15-16）

　これは，上記のパリーの定義から「人間の活動」という条件を暗黙の前提として除外し，ルールと制度を同一条件にまとめたものと解釈できる。

　これらを狭義のスポーツが満たすべき条件と考えたとき，eスポーツが条件を満たしているか考えてみよう。遊戯性と競争性については，eスポーツも完全に満たしていると考えてかまわないだろう。コンピュータ・ゲームも日常生活から切り離された時間，空間のなかで行われる遊戯であり，プレイヤー同士がその技能を競い合う競争でもある。問題となるのは，「組織性」と「身体性」をどのように解釈するべきかという点にある。

そもそもスポーツは身体技能の競技なのか

　まず身体性に関する問題から考えよう。たとえばローランド・リーの『ライズ・オブ・eスポーツ』では，コンピュータ・ゲームの対戦をスポーツ（eスポーツ）と呼ぶことに疑いの眼差しを向ける人々の声を，次のように要約している。

　　これをスポーツと呼ぶことに，ばかばかしさを覚える向きもあるだろう。マウスをクリックし，キーボードを打つ動作は，物理的な空間を跳躍し，走り，泳ぐ労

苦には比ぶべくもない。使うのは指と頭脳ばかりで，見たところ体はお留守ではないか——というわけだ。 (リー 2019：8)

この種の批判は，ｅスポーツという活動は身体性条件を満たさない，という主張として解釈できる。つまり，本来のスポーツは身体技能の競技を指すのに対して，ｅスポーツは，確かに競技ではあるかもしれないが，身体技能の競技ではない——それゆえスポーツの要件を満たさない，と。

このような意見に対して，2種類の反論が可能である。ひとつは，そもそもこの要件を満たさないスポーツも多々あるとして，スポーツに身体性が必要だという考えそのものを疑う反論である。もうひとつは，ｅスポーツであっても身体技能の競技としての要件を満たしうる，というかたちで，ｅスポーツという活動の身体性を強調する反論である。

『ライズ・オブ・ｅスポーツ』では，この批判に対する反論は前者のかたちで行われている。モータースポーツや，チェスやカードゲームのようなマインドスポーツもケーブルテレビのスポーツ専門チャンネルで放送されているのだから，ｅスポーツがそこに加わることには何の問題もない，と。だがこの提案を興行の看板の問題ではなく狭義のスポーツ概念の問題と考えるなら，少なくとも前項で挙げた四つ（ないし六つ）の条件を改定し，狭義のスポーツ概念から身体性を取り除いてかまわないと認めることに等しい。

他方で哲学者の田中彰吾は，ｅスポーツにおいて「身体性」が欠如しているとは考えない。田中によれば，ｅスポーツと従来のスポーツは，発揮される身体技能の特徴が異なっているだけで，身体技能自体はｅスポーツのプレイでも中心的な役割を果たしている。たとえば次のようなかたちである。

競技者の運動学習は，画面に呈示される視覚情報の小さな変化（たとえば，ターゲットの移動など）に応じて，当初は大雑把だった手指の動きを細かく分割し，かつ，より素早く動かせるようになる，という過程として生じるだろう。身体各部位を全体として組織化する身体図式のダイナミックな機能は，むしろ身体を安定して静止させ，姿勢を維持することへ，その作用を変化させている。 (田中 2020：192)

　eスポーツと従来のスポーツの最大の相違点は，その競技内容が「コンピュータに媒介されている」かどうかという点にある。そしてコンピュータの操作を上記のように捉えることが可能であれば，確かにそれを身体の特定の動作のスキルとして捉えることができるようにも思われる。

　リーの方針は少なくとも近代スポーツ概念を大幅に拡張する必要を認めるということであり，田中の方針は近代スポーツ概念を維持したままeスポーツを包摂可能なものとして解釈することになる。どちらの方針を採用するべきかは問題だが，少なくともeスポーツという呼称をカテゴリーミステイクとして拒絶するには尚早だろう。

誰がルールを決めるのか

　次に，ルールと組織性について考えたい。もちろんコンピュータ・ゲームの対戦にもルールは存在しており，プレイヤーたちは一定のルールのもとで競い合っている。問題は，そのルールのあり方が，従来のスポーツと決定的に異なるという点にある。

　球技であれ格闘技であれ，近代スポーツには明文化されたルールが必要不可欠である。一定のルールのもとで大会が運営され，試合が実施される。ルールへの違反は「反則」とされ，そのスポーツごとに様々なペナルティが加えられる。明文化された構成的ルールのみをスポーツの要件と考えるか，それとも不文律のマナーなども含めるべきか検討の余地はあるが，いずれにせよスポーツのルールはプレイヤー自身，あるいは大会を実施する組織等によって作られる。たとえばサッカーであれば日本サッカー協会や国際サッカー連盟が存在し，これらの組織によって公式ルールが定められる。ところがeスポーツの場合，対戦のあり方としてのルールを定めるのは，当該ゲームタイトルを開発・販売している企業であり，eスポーツ組織ではない。哲学者のセム・アバナジールは次のようにその難しさを論じている。第一に，eスポーツで用いられるコンピュータ・ゲームのタイトルはジャンルも数も膨大であり，それを開発・販売する企業は非常に多く，しかも商売上のライバルなのだから，それらを統括する組織を設立するのはほとんど不可能である。第二に，百歩譲ってそのようなルール策定権限を有するビデオゲームの統一組織の設立が可能だとすれば，今

度は逆にゲーム業界から健全な競争を排除してしまい，独占禁止法などの重要な法令に反する恐れがある，と（Abanazir 2019）。

　つまり従来のスポーツの場合，ルールの策定は（少なくとも理屈のうえでは）競技者からみて自律的である。しかしeスポーツのルールは，各ゲーム会社が作ったルールに一方的に従う以外の道はない。もちろんeスポーツにも日本eスポーツ連盟のような組織は存在するが，あくまで大会の運営やマネジメントの一部を行うだけであり，ゲームソフトの開発・販売元の企業にルールの改正を求めるような権限はない。つまり，eスポーツのルールを決める権限は原理的に，特定の企業が独占的に保持するものにならざるをえない。

　さらにeスポーツは，流行のゲームであればあるほど，毎週のようにオンラインのアップデートでソースコードの追加・調整が行われる。他方で従来スポーツでもルールの改訂や修正は行われるが，その頻度はそれほど高くない。言い換えれば，ルールを定める組織のあり方も，ルール自体も，従来のスポーツとeスポーツで大幅に異なるのである。

　これに対しても二方向での応答が可能である。一方では，eスポーツの組織・ルールのあり方が従来のスポーツと大幅に異なっていても問題ないとする立場がありえる。ゲームのルールを作る権限が大会の運営組織にあろうとも，ゲーム会社にあろうとも，個々の選手・プレイヤー自身にとっては大きな違いはない。アップデートについても，ゲームの構成的ルール自体を変更するようなものは稀である。つまりルールの位置づけが異なっていても，競技者の視点からみればeスポーツも従来のスポーツと変わるところがないという主張である。

　他方で，ルールとその制定権限の問題は，従来のスポーツと程度の差はあれ実際には同じだと考える立場もありえる。たとえばゲーム会社であっても，プレイヤーの声を完全に無視して勝手にルールの変更を行えば反発を生むため，強硬策をとることはできない。またeスポーツ組織にルール策定権限がないことも，調整やアップデートの頻度が高いことも，あくまで過渡期的な問題であり，eスポーツが文化・産業として成熟していけばこの問題点は解消するかもしれない。つまり，たとえ現時点のeスポーツがこの要件を十分に満たせないとしても，満たすことは十分に可能だという主張である。

3｜競技の本質
…
スポーツとは何であり，何であるべきか

　以上のように，狭義の近代スポーツ概念を前提としたとき，どのようにして
ｅスポーツをスポーツの一種とみなすのか（あるいはみなさないのか）という方
針をめぐって哲学的論争がある。しかし，「スポーツ」という言葉は時代によっ
てその指示範囲が大きく変化してきた言葉であり，初めから厳密な定義がある
わけではない。その意味で，「ｅスポーツはスポーツか」という問いはミスリー
ディングである。言い換えれば，真の問題は「ｅスポーツはスポーツなのかど
うか」という記述的問題ではなく，「スポーツはどのようなものであるべきか」
という規範的問題にある。

　日本においてはとくに「ゲーム」と「スポーツ」のあいだには諸外国と比べ
て大きな隔絶があるかもしれない点は指摘しておくべきだろう。たとえば英語
においては，ゲーム（game）とスポーツ（sport）はかなり近似した概念であり，
そもそもスポーツの試合自体が「ゲーム」と表現される。そのためコンピュー
タ・ゲームの対戦を「ｅスポーツ」と表現することにそれほど大きな違和感は
生じないのかもしれない。

　それに対して日本では，「ゲーム」と言えばもっぱらコンピュータ・ゲーム
か，あるいは技能と無関係な遊戯や賭博が連想されるのに対して，「スポーツ」
はどちらかと言えば「運動」「体育」などの言葉と密接な結びつきをもつ。その
ためｅスポーツに身体性の発露がみられるとしても，それが運動や体育と呼べ
るものでなければ，スポーツのカテゴリーから外れているとみなされがちであ
る。

…
eスポーツとオリンピズム

　「スポーツはどのようなものであるべきか」という問いにおいて，その最もよ
く知られているものは近代オリンピックの提唱者であるクーベルタン男爵の理
念，いわゆるオリンピズムだろう。オリンピック憲章では，オリンピズムの根
本原則として，次のように述べられている。

　　オリンピズムは肉体と意志と精神のすべての資質を高め，バランスよく結合させ
　　る生き方の哲学である。オリンピズムはスポーツを文化，教育と融合させ，生き
　　方の創造を探求するものである。その生き方は努力する喜び，よい模範であるこ
　　との教育的価値，社会的な責任，さらに普遍的で根本的な倫理規範の尊重を基盤
　　とする。　　　　　　　　　　　　　　　　　　　　　（国際オリンピック委員会 2021：9）

　この憲章で述べられているように，近代オリンピックの理念としてのオリン
ピズムは，スポーツの本質に倫理的であることを含意させている。近代スポー
ツの価値は，それが単なる競争ではなく，文化的・教育的に望ましい効果を期
待される競争だという点にあり，それゆえ国家による様々な支援が正当化され
る。
　もちろん，スポーツの定義自体を哲学的に分析しても，そこには倫理的価値
の尊重は現れないだろう。だが，オリンピズムのようにスポーツに付随する様々
な社会制度や規範が，スポーツと倫理的価値を密接に結びつけてしまう。そし
て，このようなつながりはオリンピズムに限定されない。とくに日本では伝統
的にスポーツを学校教育における部活動の一部と結びつけてきたことで，「eス
ポーツを部活動として認めるべきかどうか」という問題も浮上する。歴史的に，
日本ではコンピュータ・ゲームが子どもの遊びであると同時に，過度のプレイ
によって心身のバランスを崩しかねない危険なものだと懸念されてきた。もち
ろんそれは，コンピュータ・ゲームが多くの人々に遊ばれるようになってから
半世紀に満たないという「慣れ」不足の問題とも言えるが，コンピュータ・ゲー
ム自体がいわゆる「ゲーム症」というゲームプレイへの病理的嗜癖を誘発する
懸念は現在でも問題となっている（キング＆デルファブロ 2020）。
　だからこそ，コンピュータ・ゲームの愛好者のなかには，ゲームが上記のよ
うな倫理的含意をもつ「スポーツ」と呼ばれることに批判的な人々も少なくな
い。ゲームはこのような倫理的価値とは無縁な遊戯であるところに価値がある。
ゲームがスポーツ化されることにより，プレイヤーに清廉潔白な「スポーツマ
ンシップ」の遵守や，「健康的なゲームプレイ」が求められるようになるのであ
れば，そのような堅苦しいものでありたくはないというわけである。

・・・
eスポーツとは何であり, 何であるべきか

　以上のように, コンピュータ・ゲームそれ自体が心身の健全な発展に資する教育的価値を有するべきかどうかは重要な問題である。また, コンピュータ・ゲームの対戦が人間の活動である以上, それが倫理的に不正なものであってはならない。たとえばドーピングやチート行為などの様々な不正に関しては禁じられてしかるべきだろうし, プレイヤーや配信者をとりまくオーディエンスの態度が, 人種差別的であったり, 性差別的なものであったりするならば, それも正していくべきだ。しかし, これらの倫理的懸念を従来のスポーツと同じ枠組みで理解できるかどうかは検討の余地ある哲学的問題である（たとえば, eスポーツで何をもってチートとみなすのかは非常に微妙な問題である）。

　「eスポーツはスポーツか」という問いは,「スポーツはどのようなものであるべきか」という問いであると同時に,「eスポーツはどのようなものであるべきか」という問いでもある。加えて言うが, eスポーツはまだ若い文化であり, そのあり方についても試行錯誤の最中である。eスポーツあるいはコンピュータ・ゲームという文化が今後どのようなものになっていくにせよ, 哲学的興味は尽きない。

参考文献
—

キング, D & P・デルファブロ　2020『ゲーム障害——ゲーム依存の理解と治療』樋口進監訳, 成田啓行訳, 福村出版。
国際オリンピック委員会　2021『オリンピック憲章』日本オリンピック委員会。
高橋徹編　2018『はじめて学ぶ体育・スポーツ哲学』みらい。
田中彰吾　2020「身体性哲学からみたeスポーツ」『体育の科学』70：190-194。
日本eスポーツ連合　2018「eスポーツとは」https://jesu.or.jp/contents/about_esports/ （2022年7月31日閲覧）。
リー, R　2019『ライズ・オブ・eスポーツ——ゲーマーの情熱から生まれた巨大ビジネス』白楊舎。
Abanazir, C. 2019. Institutionalisation in E-sports. *Sport, Ethics and Philosophy* 13(2): 117-131.
Parry, J. 2018. E-sports Are Not Sports. *Sport, Ethics, and Philosophy* 13 (1): 3-18.

Case Study | ケーススタディ 13

eスポーツとゲーム症

　eスポーツのプレイ人口が増加するにつれ懸念されているのが，eスポーツ
のもたらす心身への悪影響である。たとえば米国精神医学会の診断基準DSM―
5には，今後のさらなる研究が必要な症例としてInternet Gaming Disorderと
いう概念が登場し，2022年に発効したWHOの国際診断基準ICD―11にゲーム
症（Gaming Disorder）が正式な診断名として記載された。

　では，ゲーム症とは具体的にどのような症状なのか。その診断項目としては
ゲームプレイの時間や頻度などを自分でコントロールできないことや，ゲーム
が他の生活上の利益や日常の活動よりも優先されてしまうこと，学業や職業な
どの社会生活にまで著しい障害がもたらされ，これらの否定的な結果を認識し
ているにもかかわらずゲームへののめり込みがエスカレートしてしまうことが
挙げられる（神崎 2021：120）。また，これはさらなる弊害へとつながる。ゲー
ム症がもたらす負の影響として，いらいら，怒り，倦怠といった気分の変化や
睡眠覚醒サイクルの乱れと睡眠の質の低下といった心身の健康，友人関係を喪
失することによる社会的孤立などがある（キング＆デルファブロ 2020：29-30）。

　もちろんゲームをプレイすると誰でもゲーム症になってしまう，というわけ
ではない。キング＆デルファブロでは，ゲーム症に陥りやすい因子が次の3点に
分類されている（キング＆デルファブロ 2020：69）。

- ・個人因子：パーソナリティや併存障害など。具体的には，女性よりも男性
  ジェンダー（約2倍），若年者（12〜18歳が大半），注意欠陥などの併存障害，
  衝動性や自己愛，自尊感情の低さなどのパーソナリティ。
- ・外部因子：ゲーム内の仲間（他プレイヤーの存在）や不安定な家族関係など。
- ・ゲーム関連因子：MMOや対戦シューティングなどの終わりがない構造。
  進行状態（プレイ時間やランキング）

これらの三つの因子が揃うことで，ゲーム症に陥るリスクが高くなる。

　こうした流れを受けて，臨床だけでなく行政のレベルでも様々な対応がとられつつある。たとえば国内でも，2020年には香川県でネット・ゲーム依存症対策条例が施行された。しかしゲーム症の病態や原因については不明な点も多く，今後さらなる研究が必要な問題であるため，現時点で政策化するのは時期尚早であるという意見もある。ゲーム症はゲームにのめり込みやすい特徴，環境をもつ一部のプレイヤーが，一部の熱中しやすいゲームにはまることで生じるものである。単純にゲームのプレイ自体を一律に禁止・規制してしまうと，ほとんどのプレイヤーにとっては大きなお世話であり，危険因子を抱えた人はゲームではない別の活動に依存するだけの結果になりかねない。

　ゲームに限らず，どのような活動でも依存的な嗜癖になると心身や社会関係に重大な悪影響は生じる。球技や格闘技のような伝統的スポーツも，適切な指導がされなければ怪我や事故の危険性は高まる。ゲームもある意味同じであり，とくに若者が熱中する場合には保護者や教員から，他の活動に著しい影響が出ないように指導が必要だろう。だが先に述べた通り，ゲーム自体はほとんどの人々にとって有益な活動であり，行政的な介入は慎重になされるべきである。

参考文献

神崎保孝　2021「ゲームは「悪」なのか――eスポーツ／ゲームの臨床的な課題と議論」磯貝浩久・西薗秀嗣編『eスポーツの科学』ベースボール・マガジン社，118-131頁。
キング，D＆P・デルファブロ　2020『ゲーム障害――ゲーム依存の理解と治療』樋口進監訳，成田啓行訳，福村出版。

Active Learning | アクティブラーニング 13

Q.1

スポーツとスポーツではない活動を区別する基準を考えてみよう

ボディビルディングやハイキングなど，人によってスポーツかどうか意見が分かれそうな類似の活動は色々ある。スポーツと呼ぶべきかどうか微妙だと思う活動を複数挙げて，それらをスポーツと非スポーツに区別する基準を考えよう。

Q.2

スポーツ観戦とeスポーツ観戦の共通点と相違点を考えてみよう

ビデオゲーム対戦のライブ配信は，動画サイトで大人気のジャンルである。そのような動画の視聴と，たとえば野球の試合をテレビ中継で観戦することのあいだに，視聴者の興奮や楽しさの点で何か違いがあるだろうか。

Q.3

eスポーツにはどのようなトレーニングが有効か考えてみよう

ビデオゲームのプレイが上手になるためにはどのような能力が必要だろうか。またその能力を向上させるために，実際のゲームプレイ以外に基礎トレーニングをするなら，どのようなトレーニングが望ましいだろうか。

Q.4

スポーツ選手に,どのような倫理的価値の体得が求められるか考えよう

オリンピズムに代表されるように，近代スポーツの文化においては「よい選手」は単にすぐれたスキルをもつだけでなく，倫理的に立派な人物であることが求められる傾向にある。具体的にはどのような美徳が期待されるだろうか。

第14章

歴史
市民として／研究者としてどう向き合うのか

市沢　哲

　日本の地域社会には，個人の家に遺された文書，寺社に遺された古文書，地方の役所に遺された行政文書など，数多くの歴史資料がある。しかし，現在，地方を中心に古文書などの歴史資料が急速に失われつつある。自然災害による歴史資料の消滅に加え，高齢化，過疎化，自治体職員のリストラなどにより，歴史資料を保存する担い手が減少していることがその原因である。

　しかし，問題はより複雑である。たとえば，歴史研究者と市民のあいだで，どのような文書を遺すべきかについての認識に往々にしてズレがある。また，歴史研究者にとって重要な研究資料であっても，個人の家に遺された歴史資料は個人の私有物であり，必ずしも公開する義務はないという考え方もある。このような研究者と市民のギャップが歴史資料の保存を難しくしている。

　歴史資料は研究者が独占する研究材料ではない。人々の生きた証として，未来へと伝えていくべき遺産である。また，歴史という取り扱いが難しい問題を，市民と研究者がともに考えるための大切な素材にもなりうる。歴史資料をめぐる問題を手がかりに，歴史に市民と研究者がどう向き合うのか考えていきたい。

KEYWORDS　#歴史　#公共圏　#専門的研究　#市民的知性

1 ｜ 身近なところにある歴史

歴史の省察としての『進撃の巨人』

　本題に入る前に，歴史がいまを生きるわたしたちの前に，どのようなかたちで現れてくるのか，それがどのような意味をもっているのかについて考えておこう。ここで問題にしたいのは，意外なかたちで，わたしたちの身近にある歴史である。

　たとえば，マンガ，アニメーションで人気を博している『進撃の巨人』と歴史について考えてみよう。『進撃の巨人』は，人間が巨人化する技術が生み出された架空の世界を舞台にしているが，舞台を深いところで支配しているのは，じつは歴史である。歴史を忘却させられた民と，歴史を忘れず，反復強化し，歴史に報復しようとする民との衝突が，『進撃の巨人』の世界を動かしていく原動力になっている。そして，歴史を忘却した民の女王の名は，「歴史（ヒストリー）」を連想させる「ヒストリア」である。『進撃の巨人』は歴史についての省察といってもよい。

　このように，歴史は日常の意外なところに潜んでいて，わたしたちの身近なところにある。さらにもうひとつ，歴史が身近に立ち現れ，わたしたちに重要な決断を迫ることがある例を，二冊の本を取り上げてみておこう。

歴史とは死んでしまった過去なのか

　2009年に惜しくも死去した伊藤計劃の作品に，『虐殺器官』というSFがある。2007年に小説として発表され，2015年にはアニメーション映画にもなっている（伊藤 2012）。

　主人公「僕」は，アメリカ合衆国の特殊工作員で，ジョン・ポールというテロリストを追っている。ジョン・ポールはテロリストといっても，自ら銃や爆弾をとってテロを起こすような人物ではない。彼は言語学者として研究を重ねているうちに，「あるもの」が強力な武器になることに気がつき，それをもとにして世界各所をテロリズムの恐怖に陥れていたのである。ジョン・ポールが武器にしたのは，核でも細菌でも毒物でもない。「言葉」である。彼は大量虐殺を

引き起こした歴史上の人物の演説分析を行っているうちに，そこに共通する「文法」が存在することに気がつく。そして，虐殺事件が起こる前に，新聞記事やラジオ，テレビの放送，出版物にもその「文法」が散見されること，この「文法」による言説を繰り返し聴くと，人間の脳内で良心の作用が弱まる変化が起こり，虐殺へのハードルが低くなることを突き止める。武器を手に入れたジョン・ポールは観光産業や宣伝関係のスタッフとして発展途上国に入り込み，この「虐殺の文法」による言説をばらまき，各地で人々が殺し合うテロを引き起こしたのである。

　この作品の面白いところは，未来社会に舞台をとりながら，人間にとって根源的なツールである「言葉」の力が問題にされているところである。新しいテクノロジーでつくられたグロテスクでまがまがしい武器が次々に登場するが，それらを身にまとった特殊工作員の敵は，「言葉」をあやつる人間なのである。小説版の巻末の解説によると，この作品は小松左京賞にノミネートされたが，「「虐殺の文法」がどのようなものなのか，十分な説明がない」という理由で，入選を逃したという。架空の存在である「虐殺の文法」とは何かを説明すれば，逆に作品は陳腐なものになってしまったかもしれない。「言葉」が人間に及ぼす得体の知れない力に注意を喚起しただけでも，この作品は十分に魅力的である。

　この『虐殺器官』には種本があったと思われる。2002年に出版されたジャーナリストの高木徹氏によるノンフィクション『ドキュメント戦争広告代理店』である。『虐殺器官』『戦争広告代理店』のそれぞれの本にコメントするSNS上の書き込みでも，そのことは指摘されている。また，伊藤氏自身も，2005年に『ドキュメント戦争広告代理店』を読み，「言葉」の作用についてコメントを残している（伊藤 2015）。

　この本が舞台にしているのは，1992～95年のボスニア・ヘルツェゴビナ紛争である。多民族国家であったユーゴラスビア社会主義連邦共和国の解体に伴い，ボスニア・ヘルツェゴビナは独立国家を樹立しようとするが，同地に居住するセルビア人はこれに反対した。セルビアはボスニア・ヘルツェゴビナ内に住むセルビア人を支援し，独立を目指すムスリム人・クロアチア人とセルビア人とのあいだで戦争が起こったのである。本書で高木氏は，この戦争の行方にアメリカの広告代理店が大きな影響を与えたことを克明にレポートしている（高木 2005）。

　戦争当初，セルビアに対して圧倒的に劣勢であったボスニア・ヘルツェゴビナの外相は，アメリカの広告代理店に助けを求めた。広告代理店の担当者は，セルビアを国際的に孤立させるためのキャッチ・コピーを案出する。それは，セルビア人たちがボスニア・ヘルツェゴビナで「民族浄化」を行っているというものであった。特定の民族をこの世から駆逐するというおぞましい行為をセルビアは行っていると，世界に印象づけようとしたのである。

　この「民族浄化」という言葉は，すぐさまあらゆるメディアで使われるようになった。実際に現地で何が起こっているかは問題にされないままに紛争の現実は単純化され，セルビアに対する国際的な批判は急激に高まっていった。「民族浄化」という言葉で，人々はこの戦争を十分に「理解」した気になったのである。

　このような事態が起こったのは，「民族浄化」という言葉が人々にある出来事を想起させたからであった。言うまでもなく「ホロコースト」である。広告会社の担当者は，「ホロコースト」をナチスによるユダヤ人虐殺と別の歴史的事件に当てはめることは，ユダヤ人に「ホロコースト」を冒涜していると受け止められる可能性があることを予見していた。そして，ユダヤ人の反発が起こらないように，しかし人々に不可避的に「ホロコースト」を連想させるように，「民族浄化」という言葉を持ち出してきたのである。こうして，セルビアは国際社会のなかで孤立し，ついには国際的な制裁——NATOの空爆——を受けることになった。

　高木氏のレポートによるならば，この戦争の行方に大きな影響を与えたのは，キャッチ・コピーつまり「言葉」であったと言えるだろう。その「言葉」は人々の内にある歴史的なトラウマを激しく刺激し，多くの人々をひとつの方向へと導いていったのである。伊藤氏が「虐殺の文法」のヒントにしたのは，人々の内なる歴史に働きかけ，歴史を現在に蘇らせる，「歴史を語る言葉」だったのではないだろうか。

　歴史は終わったこととして，静かに眠っているわけではない。ことあるごとに呼び起こされ，現在の文脈に意味を与えるものとして活用される一面をもっている。歴史はもう終わったことだといったふうに，歴史に対して無頓着な態度をとるわけにはいかないのである。

　歴史はこのようにわたしたちの身近なところにある。しかし，歴史の住処は身の回りに限らない。ジョン・ポールが研究所で歴史上の人物の演説研究をしたように，歴史は研究の対象として研究，学問の世界にもある。そこでは一定の学問的な手続きに基づいて，歴史の「事実」が解明され，歴史の「イメージ」が産出されている。

　では，社会にある「歴史」と研究の世界の「歴史」はどのような関係にあるのだろうか。先取りして述べれば，両者のあいだには様々なギャップが横たわっていると思われる。そうだとすれば，そのギャップを越えて両者をどう架橋するかが問題になる。さらに，そこに架けられた橋は，それ自体独自の意味をもつのではないだろうか。本章の目的は，この問題を「歴史資料」問題から考えようとするものである。

　ここで「歴史資料」を取り上げる理由は二つある。ひとつは，歴史が語られるとき，それを裏づける証拠，根拠が問題になるからである。多くの場合，それは古文書や記録のような「歴史資料」である。「歴史資料」は歴史の語りと不可分の関係にある。さらに，「歴史資料」は博物館，文書館，大学などの研究機関に所蔵されていると考えられがちであるが，日本の場合，江戸時代以降の「歴史資料」となると，個人宅や自治会，会社などにまだまだ大量に遺されている。「歴史資料」は意外と身近な存在である。これが理由の第二である。まとめるなら，専門的研究，日常を問わず歴史語りの根拠となり，専門的世界と日常的世界の双方に存在する，そういう「歴史資料」のあり方が，歴史について専門的研究と社会をまたいで考える際に有効になってくると考えられるのである。

2 ｜ 歴史資料の危機

保存の担い手をめぐる諸現象

　日本は歴史資料——ここでは主に古文書を指す——が豊かな国である。日本の中世の村には，支配者である領主が住んでいた。ところが，中世から近世にかけて，領主は村を離れて都市（城下）に集住し，村の日常的な運営は，有力農民たちに委ねられるようになる。その中心となったのが庄屋である。庄屋は領主とのコミュニケーション手段として文書を使い，それらを将来のために保

存した。また，領主からの課税を村で分担するための事務手続の文書や，村内部の問題を解決するためにも文書を作成した。さらに，一般農民たちも土地の売買，金銭の貸借などの契約に際して文書を作成した。これらの文書がそれぞれの家に蓄積され，その一部が現代に伝えられたのである。個人宅に多くの歴史資料が残されたのには，このような歴史的な背景がある。

　しかし，地域社会に残された歴史資料は近年急速に失われつつある。多発する自然災害や高齢化，過疎化，自治体のリストラなどによる保存の担い手の減少がその原因である（奥村 2014）。以下，歴史資料を支える基盤が危機を迎えていることをよく示す事例を二つ挙げよう。

　ひとつは，多くの継承されない「家」が破棄されていることである。子ども世代が故郷を離れ，故郷の家が親の高齢化，死去に伴って，廃棄される例が増えている。以前，遺品整理や家じまいのコンサルタントをされている方にインタビューをしたことがあった（屋宜・市沢・井上・木村・古市 2019）。インタビューに先立って大学で古文書を見ていただいたところ，これまで少なくない量の古文書を廃棄してきたとのことだった。コンサルタントの方によれば，故人が生前に子孫に対して，家に何があって，何が大切なモノかを説明している場合は意外に少なく，実家を離れて他所で暮らす依頼人の要望は，「実家の中にあるすべてを早く廃棄して，家をきれいに空にしてほしい」というものが多いという。このような生活やコミュニケーションの世代間断絶も歴史資料の失滅の原因をなしている。

　二つ目は，歴史資料の商品化という現象がある。たとえば，インターネットのオークション・サイトをのぞくと，日々多くの古文書がオークションにかけられている。古文書が大量にあることを誇示するために，山のようにぶちまけられた写真が掲載されていることもある。以前から古文書は売りに出されており，歴史資料の商品化はいまに始まったことではない。ただ，歴史資料はお金になる，ということが広く浸透しつつあるのは，今日的な現象と言えるだろう。そうなると，値のつかない歴史資料は廃棄されかねない。

　このように現在は，歴史資料を守ってきた条件が，生活や社会の変化によって弱体化し，歴史資料は危機的な状況にある。歴史資料は守る人がいてこそ守られてきた「弱い存在」なのである。

歴史資料の危機が提起する問題

　以上のような歴史資料の危機に対して，いま何を考えるべきだろうか。さしあたり問題は二つある。

　第一は，専門家と市民のあいだにある，歴史資料，歴史認識についてのギャップをどう埋めるのかという問題である。古文書などの歴史資料は高価な骨董品と同じように捉えられ，有名な人物や事件に関わらない歴史資料は重要ではない，と考えている市民は少なくない。しかし，有名人や有名な事件に関わらない大量の歴史資料が，歴史の解明に役立ってきたことは言うまでもない。

　研究者の側にも問題がある。歴史資料を自分たちの研究の材料とみなすだけでは，歴史資料の重要性は市民に伝わらない。歴史資料を市民はどのように活用することができるのか，市民にとって歴史資料がどのような意味をもつのか提示する必要がある。歴史資料の問題は，専門的な歴史研究者だけで解決することはできないのである。そこで問われているのは，研究者と市民をどう関係づけるかという問題である，と言い換えることもできるだろう。

　第二の問題は，「歴史資料は誰のものか？」という問いについて熟考することである。ここで「熟考」としたのはもちろん，この問題が一筋縄で解ける問題ではないからである。先に紹介したように，歴史資料は個人の財産であったり，時に商品であったりする。歴史資料が歴史研究者の専有物ではないことは明らかである。このように，歴史資料は様々なかたちで社会のなかで分有されている。しかし，歴史資料に含まれている歴史の情報は，その資料のオーナーのものなのだろうか。「歴史資料は誰のものか」という問いは，「歴史は誰のものか」という問いかけでもある（岡崎 2015）。

　これら二つの問題は，わたしたちは歴史とどう向き合うか，どのような市民社会をつくっていくのか，という問題につながっている。以下，この二つの問題について，日本の現状を踏まえながら考えていくことにしたい。

3 | 歴史と市民
...
専門的歴史研究者と市民社会

　現代の日本において，専門的な歴史研究と市民の関係はどのように捉えられるだろうか。戦後，最初に歴史の研究者と市民の関係が強く意識されたのは，1950年代の前半，若手の歴史研究者が，市民とともに自分たちが暮らす町や，自分たちが働く職場の歴史を書く運動（「国民的歴史学運動」）においてであった。しかし，この運動は当時の政治運動と強く結びついていたため，その退潮とともに1950年代の後半には挫折した。その後の歴史研究者と社会の関係は，研究者が研究成果を分かりやすく社会に「還元する」というパターンが主流となった。たとえば，一般向けに歴史研究の成果を紹介する講演会や一般向け書籍の刊行，テレビの歴史番組などが，専門的研究と市民を結ぶ重要な回路となったのである。

　しかし，近年刊行されている書籍のなかには，自説の正しさを説くなかで，他の説を軽く扱ったり，「妄説」というレッテルをつけて退けたりするようなものもみられる。こういうある種の断定的な語りは，読者にとって小気味がよいし，分かりやすいかもしれない。しかし，研究というものは，それぞれの時代の制約を受けてなされるものである。たとえば，気候をはじめとする環境の変化が問題になれば，環境変化を踏まえた歴史研究が強く意識されるようになる。新しい関心に導かれて研究の更新を積み重ね，現時点で最も合理的な仮説を提示するのが研究の世界である。その営みが著しく単純化され，学説の優劣が断定的に語られることは，研究という営為の意味を正しく市民社会に伝えることにはならない。また，断言主義はある種の権威主義に結びつき，書き手＝生産者，読み手＝消費者という関係を再生産する側面もある。もちろん，このような現象の背景には，本を売る側の事情もあろう。センセーショナルなキャッチ・コピーや本の帯の多くは，執筆者の意図を超えているのかもしれない。

　また，巷にあふれる歴史書は必ずしも歴史研究者が書いたものばかりではない。自分で歴史を研究することはなく，自分の政治的主張や政治的願望にあう学説や俗説をつなぎあわせた本もある。この手の本は，落ち着いて研究成果を

伝えようとする本よりセンセーショナルで話題性があり，ベストセラーになる
ものもある。つまり，講演，出版，放送において研究者が占める割合も地位も
決して高くはなく，研究者は歴史を語る One of them に過ぎないのである。

　このように，「還元」は研究の世界が市民社会とつながる重要な方法である
が，市民を「受け手」にしたり，様々な歴史表象との競合のなかで研究の成果
が市民にうまく伝わるとは限らなかったりする，という問題をもっている。

• • •

歴史資料をめぐる新しい動き

　しかし，近年市民が「受け手」ではなく，自ら主体的に歴史を語る活動が広
がりつつある。かつて地域社会には高い研究能力を有したアマチュアの歴史研
究者や地域の歴史を研究する小中高校の教員たちがいた。高齢化や趣味の多様
化，教員の多忙化により，その数は激減してしまったが，それに代わるように，
古文書の読み方を修得して，ボランティアで地域の歴史資料の整理作業に参加
する市民，自分が住む地域の歴史を叙述しようとする市民が徐々に増えている
のである。また，大規模な自然災害によって故郷を離れることを余儀なくされ
たり，故郷の景観が破壊されたりした人々が，故郷を思い出し，その歴史を記
録し，後世に伝える活動に取り組んだりしている。

　さらに，大学の研究者や学生，自治体の関係者がこれらの活動に積極的に参
加し，市民と協働している例も多くみられる。このような様々な立場のアクター
が協働する場は，それぞれが独自の役割を果たすとともに，それぞれの立場を
再帰的に考える，貴重な機会を提供していると考えられる。

　たとえば，市民にとっては，自ら古文書を読み，古文書の世界に自分を置く
ことで，歴史に参加しながら歴史を学ぶことができる。古文書の時代を生きる
人々の立場にたつことで，かれらを取り巻く歴史の世界を再構成し，自分もい
まという歴史のなかで生きる主体であることを認識する機会になる。学生は市
民とともに学ぶことで，専門的研究で社会に貢献するという責任感をもつ機会
になる。周知の通り近年の日本の大学政策は，人文系を軽視する傾向がある。
しかし，市民の関心を直接知ることで，学生たちは自分たちが学んでいる歴史
学，人文学の意義を，自らも生きる市民社会のなかで再確認することができる。
また，研究者は自身の研究成果を市民に「還元」するだけでなく，市民的関心

を知ることで，研究を見直す機会を得ることができるのである。

　それだけではない。歴史資料や課題を共有して歴史をともに学び，叙述して
いく活動が，歴史を調べ，叙述する方法論の共有を促す可能性がある。研究の
世界と市民社会を分かつ大きな溝のひとつは，この方法論の問題である。古文
書を傷めないように扱う技術から始まって，歴史資料をどのように読み，解釈
するのか，歴史を叙述する際にはどのように資料的な根拠を踏まえるかなど，
研究の世界にはいくつもの技術や方法論がある。これらをそのまま市民社会に
押しつけるのではなく，共有できる新しい方法論を生み出せるかもしれないの
である。また，歴史資料を読み解いていくなかで，歴史を考える基本的な方法
は，歴史資料に基づいた合理的な推論（abduction）であり，新しい歴史資料の
発見や現在の社会問題から導き出される新たな問題意識によって，その推論が
更新されていくという歴史研究の基本も，市民と共有されるのではないだろうか。

　歴史の方法論について考えることは，市民にとって巷にあふれる歴史の言説
を吟味する大きな武器になる。歴史について独自の検証のないまま，自身の政
治的主張や願望を歴史に盛り込んだ書籍のあることを先に指摘したが，このよ
うな書籍は上記のようなルールに基づいていないものが多い。また，断定的に
自説の優位性を説くような書籍は，研究の世界での真摯な営みを単純化してい
る。これらの書籍の問題点に気づくためには，歴史を調べ叙述する方法論を知っ
ていることが有効である。

　さらにこのような学びの場が，様々なアクターの「対話」の場であることも
重要である。マスメディアで流れる歴史番組は「共感」をつくりだすことに重
点を置いている。しかし，現代社会ではインターネット上の情報配信が受け手
の指向性に沿って操作されるなど，「共感」が様々なテクノロジーによってつく
りだされている。少し前の話になるが，朝日新聞の2019年新年の特集のひとつ
は「共感」とどう向き合うかというものであった。その特集のなかで大塚英志
氏は，対話による合意形成をスルーし，感情で一体化する社会のリスクは歴史
が証明していると警鐘を鳴らし，「共感」よりも言語による丁寧な「対話」の重
要性を説いている（大塚 2019）。歴史が人々を扇動するような事態を繰り返さな
いためにも，歴史資料をめぐる「対話」によって歴史を考え，その共有を図る
ことができる場は重要である。

・・・
歴史資料は誰のものか

　次に第二の問題，「歴史史料は誰のものか」という問題について考えよう。先に述べたように，歴史資料は社会のなかで分有されており，歴史資料がもつ意味は人によって異なる（市沢2015）。

　たとえば，歴史資料の持ち主にとっては，それは私有財産であり，地域の人々にとっては，それは地域のアイデンティティ，「誇り」であり，地域の歴史を知るための資料でもある。また，自治体の職員にとっては，それは保存すべき文化財であり，研究者にとっては，それは研究のための資料である。さらに，愛好家にとっては，それは鑑賞物，骨董品であり，古美術商にとっては，それは商品である。

　このような歴史資料の価値の多様性は，日本における古文書学の新しい見解と似ている。従来の古文書学は，文書の形式による分類を重視してきた。これに対して，主体が文書にどう関わるか（どのような仕事をするのか）によって，文書の性格が変わるというのが，新しい考え方である。

　たとえば，手紙について考えてみよう。特定のメッセージを伝えるために書かれたものが，手紙である。しかし，それが他の手紙とともに一括されると，それは記録であるとも言える。それが裁判に使われると，それは証拠になる。それが書き手を偲ぶものとなると，思い出の品になる。それが鑑賞の対象になると，骨董品となる。このように，主体とともに手紙の意味は遷移していく。同時に手紙に込められたメッセージも，当事者間のやりとりから離れて，意味を変えていく。これらのなかのひとつだけが，正しい状態とは言えない。それ故，手紙，記録，帳簿などという分類名とは別に，文字が書かれた紙を一律に「書面」ととらえるべきだというのが新しい見解である（村井2014）。

　古文書学の場合と同様に，先に述べた歴史資料の価値，意味の多様性についても，そのなかのひとつだけが「正常」だとは言えない。個人はそれぞれ，歴史資料に対する自分の関心を主張し，歴史資料の所有を主張できるのである。

　しかし，立場や関心の違うアクターが歴史資料を分有するとしても，個人が歴史資料を完全に排他的に独占することは妥当だろうか。歴史資料を私財として所有することはできても，歴史資料に残された過去の人々の歴史を独占する

ことはできないであろう。その意味で、歴史資料は公共財としての性格をもっている。しかし、歴史資料が個人宅に残っているような場合、保存のために様々な苦労があったはずである。そういう苦労を踏みにじって歴史資料の共有を一方的に主張することは、個人の領域に対する侵害である。私財でもあるが公共財でもある、歴史資料はこのようなグレーゾーンに位置する存在である。

そして、自分の関わり方や関心の持ち方が唯一絶対でないとするならば、互いの関心を理解しあい、尊重しあうという方向性もあるだろう。たとえば、骨董品としての価値のない破損した古文書も、歴史研究にとっては大切な資料である。個人と研究者が歴史資料についての情報を共有できれば、研究に活用することもできるだろうし、個人による保管が難しくなったとき、適切な処置をとることもできるであろう。互いの立場や関心が異なることを認めたうえで関係をもつことが、歴史資料をよりよく守ることにつながるのである。

また、最近では歴史遺産（出土遺物や歴史的建造物など）を利用したアート、パフォーマンスも盛んに行われている（村野 2015）。寺院ではロックコンサートなども行われ、ホールとは違う雰囲気を味わうことができる。日頃歴史に興味をもたない人が、自分の趣味を通じて歴史に興味をもつこともありうるだろう。このように、互いの関心を理解、尊重する関係が成立すれば、結果的により多くの歴史資料が救われ、公共財として活用されていく。歴史資料は守る人に依存する「弱い存在」にみえるが、逆に歴史資料は人々を結びつける「ポテンシャルを秘めた存在」であるとも言えるのである。

4 │ 歴史という「知」のあり方

近年、公共圏にある様々な歴史表象の意義を研究するパブリック・ヒストリーという研究が盛んになりつつある。これに対して本章で主張したいのは、歴史資料をめぐる様々なアクターのつながりから、対話に基づく新しい公共圏をつくれないだろうかという問いである。

研究者と市民の関係を再構築しようとする試みは、哲学カフェやサイエンスカフェの活動がある。大学の研究室のなかだけではなく、市民を交えて研究についての議論することは、今後ますます重要になってくるだろう。

　このような流れに対して本章の議論は，様々なアクターが参加する場に，研究者の方法を押しつける議論のように読めるかもしれない。研究者ではない市民が歴史を語ったり叙述したりするときには，研究の世界のルールにとらわれるべきではないという考えは確かにある。人は自由に歴史像をつくる権利を有している。

　しかし，個人の願望が歴史として語られたり，歴史が政治的に利用されたりすることを避けるためには，歴史像をつくるときの方法論が，合理的で共有できるものでなければならない。このように問うたとき，専門的研究者は市民を啓蒙するような者としてではなく，別の役割を帯びた存在として，研究の「知」と市民の「知」から，新しい「知」をつくることに奉仕する者として，再び社会に召喚されるのではないだろうか。歴史をめぐる闘争や歴史資料の保存と活用をめぐる問題は，社会における「知」のあり方の問題なのである。そしてこのことは，歴史に限った問題ではない。

　最後に言及しておかねばならないのは，歴史資料は使い方によっては，人を傷つける可能性があることである。カズオ・イシグロの『忘れられた巨人』は，記憶を取り戻すことへの恐れをテーマとしている。記憶の回復が夫婦関係を破壊するのではないかと恐れる夫が妻に対して，「戻ってくる記憶には，おまえをがっかりさせるものがあるかもしれない。それでも，これを約束してほしい。いまこの瞬間におまえの心にある私への思いを忘れないでほしい。だってな，せっかく記憶が戻ってきても，いまある記憶がそのために押しのけられてしまうんじゃ，霧から記憶を取り戻す意味がないと思う」（イシグロ 2017 : 388-389）と語りかける場面が出てくる。歴史を知ることは，時にこのような痛みや対立を伴う。それをどう越えていくのかという問題は，どのような社会をつくっていくのかという問題と同等の重みをもっている。歴史にどう向き合うか，歴史資料をどう扱うかという問題は，歴史好きのための問題ではない。よりよい市民社会をつくるという大きなテーマにつながる問題である。

参考文献（必ずしも初版ではなく，手に入れやすい版を選んだ）

——

諫山創　2012-20『進撃の巨人』全34巻，講談社。

イシグロ，K　2017『忘れられた巨人』早川書房。

市沢哲　2015「歴史資料をめぐる「よそ者」と「当事者」——専門家的知性と市民的知性」九州史学会・公益財団法人史学会編　2015『過去を伝える，今を遺す——歴史資料，文化遺産，情報資源は誰のものか』山川出版社。

屋宜明彦・市沢哲・井上舞・木村修二・古市晃　2019「インタビュー　歴史研究の隣人たち　第1回　家じまいアドバイザー　屋宜明彦さん」神戸大学大学院人文学研究科地域連携センター編『Link』11, http://www.lib.kobe-u.ac.jp/repository/81011928/?lang=0&mode=0&opkey=R168567484581979&idx=2&codeno=&fc_val=&chk_st=0&check=00（2023年6月2日閲覧）。

伊藤計劃　2012『虐殺器官』早川書房。

伊藤計劃　2015『伊藤計劃記録Ⅰ』早川書房。

大塚英志　2019「「泣けるいい話」好きですか？」『朝日新聞』2019年1月1日朝刊（感・情・振・動　ココロの行方1）。

岡崎敦　2015「はじめに」九州史学会・公益財団法人史学会編前掲書。

岡本充弘　2022『「小さな歴史」と「大きな歴史」のはざまで——歴史についての断章』花伝社。

奥村弘編　2014『歴史文化を大災害から守る』東京大学出版会。

高木徹　2005『ドキュメント戦争広告代理店——情報操作とボスニア紛争』講談社。

村井章介　2014「中世史料論」『中世史料との対話』吉川弘文館，2-38頁。

村野正景　2015「文化遺産の継承そして創造へ」九州史学会・公益財団法人史学会編，前掲書，84-114頁。

Case Study ｜ ケーススタディ 14

紛争と歴史
歴史の重層性にわたしたちは何をみるのか

ウクライナ戦争

　2014年ロシアはウクライナからクリミアを奪ってこれを併合し，2022年にはウクライナに侵攻した。戦争には戦争を正当化する論理がある。ロシアは戦争を正当化するひとつの手段として「歴史」を動員している。以下この問題を村田優樹，平松潤奈，高橋沙奈美氏の研究をもとに考えてみよう。

　2021年にロシア大統領プーチン名義で「ロシア人とウクライナ人の歴史的一体性について」という論文が発表された。タイトルが示す通り，プーチン大統領はロシア人とウクライナ人の一体性は歴史的に明らかであると主張し，それをロシアのウクライナ支配の根拠として主張したのである（村田 2022）。

歴史のアイコン

　ロシア大統領の「歴史」の動員は，ほかにもみられる。クリミア併合後の2016年の「民族統一の日」にはクレムリンの隣にウラディミール大公の巨大な像が建てられた。

　ウラディミール大公は988年にキリスト教に改宗した人物で，それによって東スラブ地域のロシア，ベラルーシ，ウクライナを結びつけたとされている（ただしこの説には強い反論がある）。プーチン大統領は銅像建立の式典において，ウラディミール大公の洗礼を「ロシア，ベラルーシ，ウクライナ民族共通の精神的源」であると述べたという。大公はロシアとウクライナの一体性を歴史的に証明するアイコンとして，クレムリンの横に呼び出されたのである（平松 2022；高橋 2022）。

一体か独立か

　では，ロシアが動員する「歴史」は自明なものなのだろうか。帝政末期のウ

クライナ地域では，エリート，知識人層のあいだでロシアとウクライナの一体性を説く「一体説」と，ウクライナの独立を説く「独立説」が対立していた。しかし，民衆は「民族」にではなく，身近な町，村，教会に帰属意識をもっていた。ブルーベイカー（ブルーベイカー 2016；佐藤 2016）が指摘するように「民族」とは「世界のなかの事物」ではなく「世界についての見方」であり，この時期のウクライナの人々は自身がいまだ帰属する「民族」を意識していなかったのである。

　1917年の二月革命で「一体説」を支持してきた帝政が倒れると，「独立説」が力をもち，ウクライナに自治が認められるようになった。こうして，民衆は「民族」に無関心でいることが難しくなり，どの「民族」として生きるのか選択を迫られるようになる。革命という政治的大変動を契機として，知識人やエリートのものであった「民族」問題に民衆は巻き込まれていった（村田 2022）。

　結果的にウクライナはソ連邦内の共和国となったが，ソ連の解体後は独立国家としての道を歩んだ。しかしロシアは，ロシア正教会の復活やウラディミール大公の顕彰を通じて，ロシア語を話すロシア正教徒が居住する領域の一体化を図ろうとしている。このような歴史的背景のもと，戦争が起こったのであった。

歴史の役割

　上記のような歴史は，わたしたちに何を示しているのだろうか。第一に，ある時点での歴史的状況を複眼的にかつ合理的に理解しようとする姿勢の重要性である。個々の歴史的事件がそれに関わる様々なアクターたちにとってどのような意味をもったのかが，合理的な論拠とともに語られる必要がある。プーチン論文に関してもまずその歴史の解釈の妥当性が問われる。第二に，歴史その

ものは，何が正しい状態かを指し示すことはないということである。変化して
いく歴史のなかに，唯一そうあるべき正解を求めることはできない（そうはなっ
てはならない，という厳然たる教訓はある）。現在，未来のあるべき姿を選択する
のは歴史ではなく，ほかならぬわたしたちである。

　紛争において動員される歴史に，二つの観点から批判を加え，動員される歴
史に支配されることなく未来を構想すること——それは『進撃の巨人』の解か
もしれない。仲間だと思っていた敵に殺されるマルコの最期の言葉は，「俺たち
はまだ話し合ってない」だ（諫山 2020）。

参考文献

諫山創　2020「終末の夜」『進撃の巨人』32巻127話，講談社。
佐藤成基　2016「グローバル化する世界において「ネーション」を再考する——ロジャー
　　ス・ブルーベイカーのネーション中心的アプローチについて」R・ブルーベイカー
　　『グローバル化する世界と「帰属の政治」——移民・シティズンシップ・国民国家』
　　佐藤成基ほか編訳，明石書店，316-329頁。
高橋沙奈美　2022「割れた洗礼盤——「ロシア世界」という想像の共同体とその終焉」
　　『現代思想』2022年6月臨時増刊号，67-80頁。
平松潤奈　2022「埋葬されない帝国の記念碑——ウクライナ戦争と境界の消失」『現代思
　　想』2022年6月臨時増刊号，52-59頁。
ブルーベイカー，R　2016「認知としてのエスニシティ」前掲『グローバル化する世界と
　　「帰属の政治」』235-287頁。
村田優樹　2022「20世紀初頭のウクライナ・ナショナリズムとロシア・ナショナリズム
　　——「独立論」と「一体論」の系譜」『現代思想』2022年6月臨時増刊号，43-51頁。

Active Learning | アクティブラーニング 14

Q.1

歴史が隠れたテーマになっているコミック, 映画などを探してみよう

これまで読んだり, 観たりした作品のなかに, 歴史が重要な役割を果たしているものがなかったか, 考えてみよう。また, 歴史を題材にした作品が歴史をどう描いているのかを考えてみよう。

Q.2

親族から聞き取りをして, ファミリーヒストリーを調べてみよう

過去を当事者はどう伝えたいと考えているのかも聞いてみよう。また, 親族の歴史をたどった本を読んでみよう。たとえばイヴァン・ジャブロンカ『私にはいなかった祖父母の歴史』(田所光男訳, 名古屋大学出版会, 2017) など。

Q.3

古文書教室や, 歴史資料の保存活動に参加してみよう

被災地域の歴史資料の整理を行うボランティア団体が, 日本の各地にある。「歴史資料ネットワーク」(http://siryo-net.jp/) で検索して, HPを閲覧したり, 活動に参加したりしてみよう。

Q.4

歴史資料のデジタル公開の可能性と問題を, 韓国の状況から考えよう

川西裕也氏の「歴史学とデジタル化──韓国の事例から」(『過去を伝える, 今を遺す』山川出版社, 2015年) を読んで, 公開された歴史の情報はどのように活用されているのか, 歴史資料のデジタル化がどのような問題をもたらしているのかをまとめてみよう。

あとがき

　哲学は机上の抽象的な空論で終わるものではなく，喫緊の社会的課題に取り組むうえで不可欠な理論的基盤である。神戸大学大学院人文学研究科を拠点とする倫理創成プロジェクトは，この理念のもと，哲学を現実の諸問題に「接地」させる試みを続けてきた。特に，環境，貧困，医療，歴史，情報技術などをめぐる現代の諸問題について，そうした分野の専門家を招き議論を行うワークショップやセミナーを継続的に開催してきた。

　本書は，こうした活動を通じて結実した研究成果のひとつである。本書の企画の直接のもととなったのは，メタ科学技術研究プロジェクト等の研究活動（はしがき参照）であるが，さらに遡れば，それらの源流はこの倫理創成プロジェクトに見いだすことができるのである。執筆陣の中心となったのは倫理創成プロジェクトのコアメンバーだが，上記のワークショップやセミナーの講演者の一部にも参画いただき，そこでの議論を生かすかたちで各章の構成を行った。その結果として，先に挙げたいわゆる「ハードな」社会的問題のみならず，eスポーツやアニメーションなど現代的なエンターテイメントを含めて，応用哲学の基礎と最前線を幅広く紹介する教科書とすることができた。本書との出会いが，哲学の豊かな可能性とその現実的な重要性を学ぶ機会となったのであれば，この上ない喜びである。

　最後に，本書の出版にあたって，編集作業を担当いただいた松井久見子氏には並々ならぬご尽力をいただいた。分野が違えば前提となる背景知識も専門用語も異なるため，専門の異なる執筆陣の原稿をとりまとめ，一貫性のある教科書として成立させるのは容易ではなかった。松井氏には，一般読者の観点からすべての原稿に的確かつ生産的なコメントを寄せていただいたばかりか，時には意見がぶつかる編者間の舵取りや，粘り強い原稿の催促まで，多大な助力をいただいた。著者を代表して心より感謝の意を表したい。

　　2023年7月

編者を代表して　新川拓哉

索　引

■**編者紹介**

松田　毅（まつだ つよし）
　神戸大学名誉教授，岡山大学大学院社会文化科学研究科客員研究員。ドイツ連邦共和国オスナブリュック大学 Ph.D.（哲学）。専門は哲学，環境倫理学。おもな著作に『夢と虹の存在論——身体・時間・現実を生きる』（講談社，2021年）, *Risks and Regulation of New Technologies*（Kobe University Monograph Series in Social Science Research）（共編著，Springer, 2021）など。

藤木　篤（ふじき あつし）
　芝浦工業大学工学部准教授。博士（学術）。専門は工学倫理（技術者倫理），科学技術倫理，環境倫理学，環境衛生倫理学，科学技術社会論。おもな著作に *Risks and Regulation of New Technologies*（Kobe University Monograph Series in Social Science Research）（分担執筆，Springer, 2021），「根絶と脱絶滅——種の選別をめぐる倫理的問題」（『西日本哲学年報』26，2018年）など。

新川拓哉（にいかわ たくや）
　神戸大学大学院人文学研究科講師。博士（文学）。専門は心の哲学。おもな著作に “Human Brain Organoids and Consciousness”（共著，*Neuroethics* 15（1），2022）, “A Map of Consciousness Studies：Questions and Approaches”（*Frontiers in Psychology* 11, 2020）など。

■**執筆者紹介**（執筆順）

松田　毅
　＊編者紹介参照

豊田陽介（とよた ようすけ）
　特定非営利活動法人気候ネットワーク上席研究員。社会学修士（環境社会学）。専門は気候変動や再生可能エネルギーに関する政策，社会実装。おもな著作に『エネルギー自立と持続可能な地域づくり』（分担執筆，昭和堂，2021年），『エネルギー・ガバナンス』（共著，学芸出版社，2018年）など。

藤木　篤
　＊編者紹介参照

中野佳裕（なかの よしひろ）
　立教大学21世紀社会デザイン研究科特任准教授。Ph.D.（開発学）。専門は社会デザイン学，批判開発学，社会哲学。おもな著作に『脱成長』（翻訳，S・ラトゥーシュ著，白水社クセジュ，2020年），『カタツムリの知恵と脱成長』（コモンズ，2017年）など。

原口　剛（はらぐち たけし）
　神戸大学大学院人文学研究科准教授。博士（文学）。専門は社会地理学，都市論。おもな著作に『惑星都市理論』（共著，以文社，2021年），『叫びの都市——寄せ場，釜ヶ崎，流動的下層労働者』（洛北出版，2016年）など。

中　真生（なか まお）
　神戸大学大学院人文学研究科教授。博士（文学）。専門は現代哲学，倫理学。おもな著作に『フェミニスト現象学——経験が響き合う場所へ』(分担執筆，ナカニシヤ出版，2023年)，『生殖する人間の哲学——「母性」と血縁を問いなおす』(勁草書房，2021年) など。

小門　穂（こかど みのり）
　大阪大学大学院人文学研究科准教授。博士（人間・環境学）。専門は生命倫理，科学技術社会論。おもな著作に『LGBTQの家族形成支援——生殖補助医療・養子＆里親による　第2版』(分担執筆，信山社，2023年)，『フランスの生命倫理法——生殖医療の用いられ方』(ナカニシヤ出版，2015年) など。

安倍里美（あべ さとみ）
　神戸大学大学院人文学研究科講師。修士（文学）。専門は倫理学，メタ倫理学。おもな著作に「価値と理由の関係は双条件的なのか——価値のバックパッシング説明論の擁護」(『倫理学年報』68，2019年)，「義務の規範性と理由の規範性——J. ラズの排除的理由と義務についての議論の検討」(『イギリス哲学研究』42，2019年) など。

新川拓哉
　＊編者紹介参照

谷口忠大（たにぐち ただひろ）
　立命館大学情報理工学部教授。博士（工学）。専門は人工知能，ロボティクス。おもな著作に『僕とアリスの夏物語——人工知能の，その先へ』(岩波書店，2022年)，『心を知るための人工知能——認知科学としての記号創発ロボティクス』(共立出版，2020年) など。

稲岡大志（いなおか ひろゆき）
　大阪経済大学経営学部准教授。博士（学術）。専門は哲学。おもな著作に『世界最先端の研究が教える　すごい哲学』(共編，総合法令出版，2022年)，『ライプニッツの数理哲学——空間・幾何学・実体をめぐって』(昭和堂，2019年) など。

林　芳紀（はやし よしのり）
　立命館大学文学部教授。博士（文学）。専門は倫理学，応用倫理学，政治哲学。おもな著作に『マンガで学ぶスポーツ倫理』(共著，化学同人，2021年)，『入門・倫理学』(分担執筆，勁草書房，2018年) など。

岡本慎平（おかもと しんぺい）
　広島大学大学院人間社会科学研究科助教。博士（文学）。専門は倫理学。おもな著作に『人工知能と人間・社会』(分担執筆，勁草書房，2020年)，『3STEPシリーズ　倫理学』(分担執筆，昭和堂，2023年) など。

市沢　哲（いちざわ てつ）
　神戸大学大学院人文学研究科教授。博士（文学）。専門は日本史。おもな著作に『日本中世公家政治史の研究』(校倉書房，2011年)，『太平記を読む』(共著，吉川弘文館，2008年) など。

3STEP シリーズ 6　応用哲学

2023 年 11 月 1 日　初版第 1 刷発行

編　者　松　田　　　毅
　　　　藤　木　　　篤
　　　　新　川　拓　哉

発行者　杉　田　啓　三

〒 607-8494　京都市山科区日ノ岡堤谷町 3-1
発行所　株式会社　昭和堂
TEL（075）502-7500／FAX（075）502-7501
ホームページ　http://www.showado-kyoto.jp

3 STEP シリーズ
（表示価格は税込）